AF627758

Kontaktadresse nach EU-Produktsicherheitsverordnung:
produktsicherheit@fischerverlage.de

In einer Regennacht Mitte der siebziger Jahre auf den Stiegen eines Berliner Mietshauses ohne Klingel beginnt eine Freundschaft. Mit einer Schüssel Möhrensuppe. Eine überkandidelte Intellektuelle sei ihr da gewissermaßen zugelaufen, erzählt Sarah Schumann kurze Zeit später einer Freundin. Empörend!, denkt sich Silvia Bovenschen. Als hätte sie es nötig, eine Künstlerin mit eruptivem Charakter von ihren Vorzügen zu überzeugen. Die Geschichte dieser gemeinsamen Jahre, eigene Erinnerungen und Erzählungen Sarah Schumanns trägt Silvia Bovenschen zu einem bewegenden Porträt zusammen. Zu endgültigen Befunden kommt sie dabei nicht. Bei aller Liebe nicht.

Silvia Bovenschen, geboren 1946, gestorben am 25. Oktober 2017, lebte als Autorin, Literaturwissenschaftlerin und Essayistin zuletzt in Berlin. 2000 wurde sie mit dem Roswitha-Preis der Stadt Bad Gandersheim und dem Johann-Heinrich-Merck-Preis der Deutschen Akademie für Sprache und Dichtung ausgezeichnet, 2007 erhielt sie den Ernst-Robert-Curtius-Preis für Essayistik und 2012 den Schillerpreis der Stadt Mannheim. Unter anderem erschienen »Schlimmer machen, schlimmer lachen« (1998), »Über-Empfindlichkeit. Spielformen der Idiosynkrasie« (2000), »Älter werden« (2006), »Verschwunden« (2007), »Wer Weiß Was« (2009), »Wie geht es Georg Laub?« (2011), »Nur Mut« (2013), »Sarahs Gesetz« (2015) und zuletzt der Roman »Lug und Trug und Rat und Streben« (2018).

Weitere Informationen finden Sie auf www.fischerverlage.de

Silvia Bovenschen

Sarahs Gesetz

FISCHER Taschenbuch

2. Auflage

Printed in Germany
ISBN 978-3-596-03478-9

Silvia Bovenschen + Sarah Schumann. 1979

Vielleicht beginnt das Unglück in dem Augenblick,
in dem einer den anderen zu durchschauen glaubt.
Solange wir wissen, dass wir unerkundbar sind,
ist Liebe.

(Ilse Aichinger)

Das Ereignis

Meine Freundin Sarah Schumann hatte Geburtstag gestern.
Zu den Gerüchten, die ich verwerfe, gehört, dass sie achtzig Jahre alt geworden sein könnte. Gestern soll das gewesen sein. (War unsere erste Begegnung nicht vorgestern erst?)
Zu den Wundern, die ich ehre, gehört ihre Regie, die kluge und barmherzige Lenkung unseres gemeinsamen Lebens. Woche für Woche, Tag für Tag, Stunde für Stunde – so lange es gehen mag.
Wohl gemerkt! Liebe und Klugheit führen Regie (mit einer sanften Beimischung preußischen Pflichtempfindens).

Ja, ich will erzählen von meiner Freundin Sarah Schumann.
Das habe ich heute, an diesem Tag, vor einer Stunde erst, beschlossen.

An diesem Tag, dem 13. August 2013, ist der Himmel blau. Ich sehe nur einen Fensterausschnitt davon. Ich hätte gerne mehr Blau.

An diesem Tag liege ich im Bett. Daran ist nichts außergewöhnlich.
Ich war oft, sehr oft, genau besehen immer krank während der gemeinsamen Jahre. Mal mehr, mal weniger. Jetzt, in diesem Sommer des Jahres 2013, ein Sommer, den ich versäume, hat es mich wieder hart getroffen. Jetzt bin ich sehr krank, sehr schwach und sehr dünn, ein Skelett geradezu.
Als ich Sarah kennenlernte, das ereignete sich (nach menschlich verabredeter Zeitmessung) vor vierzig Jahren, war ich auch schon krank. Unheilbar. Aber für Unvoreingenommene noch nicht sichtbar. Einige Zeit nach diesem Ereignis (anders kann ich den Zufall unserer ersten Begegnung im Rückblick nicht nennen) habe ich ihr von diesem dauerhaften Kranksein gesprochen.

Ich habe die Szene in ihrer Wohnung im alten Westberlin – Steckschlüssel – vierter Stock – Kohleöfen – noch genau vor Augen.
Der große hölzerne Arbeitstisch, der zu einem kleinen Teil auch als Esstisch dient und übersät ist mit Farbspuren. Wir löffeln ihre Möhrensuppe. Die Suppe ist angereichert und gekräftigt mit Fleisch aus einer »Senatskonserve«. Eine Notversorgung, die zurückweist auf die Erfahrung der Blockade 1948/49.
(Im Zuge der zyklischen Erneuerung des verderblichen Vorrats werden die Dosen kostengünstig an die Stadtbevölkerung verkauft.)
Vor mir steht die Suppe. In einem tiefen Teller. Ich bewundere den Teller. Der stamme, so sagt Sarah Schumann, noch aus der Zeit, als sie in London lebte, viele Jahre bevor

wir uns begegneten. Ein schöner Teller. Ich studiere das Dekor unter der Glasur. Ein zartes Ornament in Rot und Blau.

Ich spüre, sie nimmt fälschlich an, dass mir die schlichte Suppe nicht schmeckt. Und bald schon (sagen wir: drei Monate später) werde ich ahnen: Sie hält mich, die Jüngere, für eine verwöhnte Bürgertochter, die teure Restaurants bevorzugt. Wenig (sagen wir: ein Jahr) später werde ich wissen, dass sich in ihrem mentalen Haushalt solche Annahmen leicht zur Gewissheit steigern und verhärten können. So auch in diesem Fall. Sie hat lange daran festgehalten. Gegen jede Evidenz. Schließlich hätte sogar sie (sie, die arme Künstlerin, die damals oft nicht wusste, ob sie die Miete und den Kohlenhändler wird zahlen können) jede Gelegenheit gehabt zu bemerken, dass ich (zu dieser Zeit mit einem Promotionsstipendium ausgestattet) zwar besser situiert bin, aber doch auch sparsam sein muss, dass auch ich am Monatsende klamm bin, dass auch ich keineswegs im Luxus lebe und dass ich überdies auch kein Luxusleben ersehne. Erst als ich nach ein paar Jahren erduldeter Fehleinschätzungen die Causa gezielt aufrufe, eine Art Privatgericht erzwinge, vehement Empörung an den Tag lege, einen harten Indiziennachweis aufbaue und die Ungerechtigkeit an vielen Beispielen veranschauliche, erst dann wird sie schleppend eine inwendige Korrektur herbeiführen. Solche Korrekturen sind mir nicht in allen Fällen gelungen.

Zurück zu dem Winter des Jahres 1975 in Berlin-Charlottenburg. Zurück zum Arbeitstisch und zur Möhrensuppe.

Wir sind uns fremd. Ich lege den Löffel ab und schaue verlegen aus dem Fenster. In dem gegenüberliegenden Altbau wird der Dachboden ausgebaut. Überall in Westberlin werden jetzt die Dachböden ausgebaut, in den alten Häusern, die zwei große Kriege bestanden haben.
Ich frage Sarah Schumann, um ein wenig ins Gespräch zu kommen, ob auch ihr Hausbesitzer Derartiges angekündigt habe. Sie sagt: *Nein.*
Iss, sagt sie. Ich fahre zusammen. Gut, dass ich den Löffel abgelegt habe, er wäre mir sicher aus der Hand gefallen. Nie, wirklich nie, nie hat jemand bei Tisch einen so nackten Imperativ auf mich gerichtet. Sie aber schaut freundlich aufmunternd bei diesem strammen Wort.
Ich führe den Löffel zum Mund. Ich will mich in ein gutes Licht stellen (Warum eigentlich?) und überlege, was ich sagen könnte. Es müsste etwas sein, das sie beeindruckt. Mir fällt nichts ein. Um die Verkrampfung zu lösen, rede ich, rede ungewollt Belangloses, und schließlich – ganz gegen die Gewohnheit! – rede ich von meiner Krankheit.
Sie legt den schönen Kopf etwas schief und sagt:
Ist in Ordnung.
Ich weiß, sie meint nicht, dass es in Ordnung sei, von solch einer Krankheit befallen zu sein, sie meint, dass sie damit zurechtkommen wolle. Jedenfalls etwas in der Richtung.
Ich freue mich.

Die verpasste Micky Maus

Meine Freundin Sarah ist zwölf Jahre älter als ich.
»Das spielt keine Rolle«, sagte einmal einer, der uns kennt.
»Doch! Das spielt eine Rolle«, sagte ich damals.
»Meine Freundin Sarah – nur mal so zum Beispiel – hat in ihrer Kindheit niemals ein Micky-Maus-Heft gelesen. Ich weiß gar nicht, wie man sich mit einem Menschen verständigen soll, der nie …«
Das war, sagt die Erinnerung, meine frivole Antwort. Auch erinnere ich, dass ich sie bereute. Zu Recht. Ich weiß nicht mehr, was mich in diese törichte Äußerung trieb, hatte ich doch immer schon Freunde, die erheblich älter waren als ich.
Einen größeren Blödsinn habe ich selten von mir gegeben. Da könnte meine Freundin Sarah weitaus Trennenderes ins Feld führen.
Meine Freundin Sarah war in Nöten, die ich – geboren 1946, als der große Krieg gerade vorbei war – nicht kennenlernen musste.
Sie hingegen hat als Kind den Krieg noch erlebt. Sie kennt den Schrecken von Bombennächten und den einer langen Flucht. Sie musste auf dieser Flucht – elf Jahre alt erst –

durch einen Fluss (die Mulde) schwimmen. Ihre Mutter hatte bei dieser Tortur Sarahs einjährige Schwester auf dem Rücken festgebunden. Ein junger Mann, dem die Mutter die letzten Zigaretten dafür gab, lud sich den Kinderwagen auf den Buckel. Da hieß meine Freundin Sarah noch Maria.
Ja, sagt Sarah, *da hat meine Mutter einmal funktioniert. Das hat sie gut gemacht. Einzig das hat sie gut gemacht.*

Und meine Freundin Sarah hat in den Nachkriegsjahren den Hunger kennengelernt. Ihm war ich nie ausgesetzt.

Es gibt eine Fotografie (ein kleines Schwarzweißbildchen mit einem gezackten Rand) von meiner nahezu ausgezehrten Mutter. Sie musste den Hunger nach dem Zweiten Weltkrieg auch kennenlernen. Vor ihr sitzt der vergleichsweise gutgenährte Säugling, der ich einmal war. Wenn ich die Fotografie ansehe, schäme ich mich.

Ich erinnere mich. Sarah hat einmal, das ist schon einige Jahre her, von ihrem Hunger erzählt.

Sarah erzählt:
Ich war noch ein junges Mädchen, eine Schülerin. Ich lebte mit meiner Mutter und meiner Schwester auf einem Dorf. Einmal traf ich am Abend ein Mädchen aus der Nachbarschaft. Das Mädchen war ein oder zwei Jahre älter als ich. Wir gingen eine kurze Wegstecke nebeneinander her. Das Mädchen sagte, dass es nicht mehr zur Schule gehe, dass es kürzlich gegen Bezahlung Arbeit in einem Fischres-

taurant angenommen habe und dass es dort den Abwasch mache.

Die Mitteilung des Mädchens war getragen von einer gewaltigen Geruchswolke, einer Ausdünstung von altem Fisch und fauligem Abwaschwasser.

Da überwältigte mich mein Hunger.

Die Flucht I

Sarah erinnert sich an die Flucht 1945. Sie dauerte zwei Jahre. Von Senftenberg in der Lausitz über das zerbombte Dresden weiter nach Hamburg und noch weiter, bis sie schließlich in einem Dorf endete.

Sarah erzählt:
Ich sitze erhöht auf einem Wagen, gezogen von einem müden alten Gaul. Jemand hat uns, meine Mutter, meine kleine Schwester und mich, aufgeladen und mitgenommen. Immer mal werden wir mitgenommen, aufgelesen, aufgeladen – immer mal, immer nur für eine kurze Strecke.
Ich sehe aus hoher Position gebannt, wie ein Rotarmist am Straßenrand eine Frau vergewaltigt. Ich habe kein Wort für das, was ich sehe, keine Vorstellung, um was es sich da handelt, ein Schock ist es jedenfalls. Allein wegen der spürbaren Gewaltsamkeit. Allein wegen der spürbaren Angst der Frau. Allein wegen der Pistole. Ich weiß schon, was eine Pistole kann. Ich bin gefesselt von dem, was ich sehe. Der Rotarmist sieht, dass ich es sehe. Dass ich ihn, die Frau und das, was er tut, anstarre. Er richtet seine Pistole auf mich. Ich tue intuitiv das Richtige: Ich schaue ruckartig weg. Wir fahren vorüber. Ich sehe nicht zurück.

Eigentlich haben mir die Rotarmisten gefallen. Wilde Burschen mit gezwirbelten Bärten. Solche Menschen hatte ich zuvor nicht gesehen.

»Wie hat das alles begonnen?«, frage ich. Und ich schicke gleich noch eine Frage hinterher. »Wie kamst du nach Senftenberg, du bist doch in Berlin geboren?«
Meine Eltern, beide Bildhauer, erhielten dort Aufträge. Du kannst in Senftenberg einen Brunnen besichtigen, den mein Vater gestaltet hat.
»Kann man das, was deine Eltern schufen, einer Kunstrichtung zuordnen?«
Sie kamen aus der Tradition der ›Neuen Sachlichkeit‹, mein Vater hatte zeitweise an der Bauhaus-Hochburg in Dessau studiert.
Manchmal war es meiner Mutter erlaubt, zu helfen bei solchen Aufträgen. Niedere Dienste. Sie durfte zum Beispiel Inschriften meißeln. Aber der Brunnen in Senftenberg hat keine Inschrift. Irgendwann, als ich noch sehr klein war, haben sich meine Eltern getrennt. Und meine Mutter hat den Bürgermeister von Senftenberg geheiratet. Ich glaube, sie wollte aus der Armut raus, eine Armut, die meinen regimekritischen Vater, wie ich weiß, nicht quälte.

Sarah macht eine Pause.

Plötzlich befand ich mich in einer Bürgermeister-Villa.
»Hat dir das gefallen?«
Sarah überlegt.
Die Eingangshalle gefiel mir. Wahrscheinlich war es gar keine

Halle. Wahrscheinlich erschien mir dieser Raum damals nur so riesig im Vergleich mit den Behausungen, die ich kannte. Sie gefiel mir auch deshalb so gut, weil das Mobiliar, die Stühle, Tische und der gewaltige Deckenleuchter, zu großen Teilen aus allerlei Spieß, Geweih und Gehörn bestand. Da waren riesige Schaufeln an den Sesseln. – Ob die von Elchen kamen?

Mütter

Sarah hat ihre Mutter nicht gemocht. Ich kann das verstehen. Das wenige, das sie über ihre Mutter sagte, klang gar nicht gut. Traurig war das, was sie erzählte: all die kleinen, auch größeren Gleichgültigkeiten und ja: Grausamkeiten – Nein, erzählen kann man das nicht nennen. Zuweilen warf sie mir ein oder zwei Sätze zu, in unterschiedlichen Zusammenhängen.

Immer log sie mich an, sagte sie nachwirkend empört und verletzt.

Meine Mutter brachte mich ins Bett und versicherte, dass sie in der Nacht anwesend sein werde, aber sie ist dann doch vergnügungssüchtig ausgegangen. Wenn ich nachts aus einem bösen Traum hochschreckte und sie suchte, fand ich mich verlassen. Ich hatte oft Angst. Einmal bin ich sogar auf die Straße gelaufen, um sie zu suchen, und wurde von der Polizei aufgegriffen.

Und schlimmer noch war diese Schilderung:

Mit ihrem scharfen Schnitzmesser ist sie mir, als ich noch sehr klein mit einer Angina im Fieber lag, an die Mandeln gegangen.

Ein anderes Mal sagte sie:

Ein halbes Jahr nach meiner Geburt haben mich meine un-

gläubigen Eltern für das nächste halbe Jahr zu den Nonnen gegeben, weil sie verreisen wollten. Dort, im Kloster, fand mein erster Geburtstag statt.

Ja, ich kann ihren Zorn verstehen. Und ich glaube ihr, weil eine tiefe Enttäuschung sie begleitet, weil kein Grundvertrauen bei Sarah ist, weil sie, wenn es ihr schlechtgeht, faucht wie ein angeschossener Tiger, als wäre da menschlicherseits nichts Gutes zu erhoffen, ich glaube ihr, weil es aufs Ganze so schwer ist, Sarahs Vertrauen zu gewinnen. Wahrscheinlich ist mir das bis heute nicht vollends gelungen.
Aber ich gebe nicht auf.

Ich vertraue Sarah mehr als mir selbst.

Wie gesagt, ich kann ihren Zorn verstehen; um ihn auch zu erfühlen, muss ich mir das Schnitzmesser und die Bilder von den bösen Müttern aus den Märchen vor die Augen holen.

Ja, ich habe Mühe, mir so eine Mutter zu vergegenwärtigen, weil ich meine Mutter sehr geliebt habe. Meine Mutter hat ihre Mutter auch sehr geliebt. Sie hat gerne von ihr gesprochen. Die Mutter meiner Mutter war bei meiner Geburt schon sechs Jahre tot. In jungen Jahren dachte ich manchmal, ich sollte diese Tradition fortsetzen, weil das gute Mutter-Tochter-Verhältnis, wie mir scheint, so selten ist. Die meisten meiner Freundinnen haben kein gutes Verhältnis zu ihren Müttern, wenn auch nicht so katastrophal zerrüttet wie in Sarahs Fall. Aber ich hatte nicht die Chance einer Traditionsbestätigung, die Ärzte haben mir das Kinderkriegen früh, bevor ich mich in einen hochgradigen Wunsch steigern konnte, verboten.

Manchmal war ich traurig, keine Erinnerungen an meine Großmutter mütterlicherseits haben zu können. Alles, was ich von ihr hörte, hat mir gefallen. Zu Teilen auch imponiert.

In Sarahs Erzählungen kommt keine Großmutter vor. Waren auch ihre Großmütter schon vor ihrer Geburt gestorben? Ich weiß es nicht. Ich muss sie irgendwann einmal danach fragen.

Warum ist mir nicht aufgefallen, dass meine Mutter so gern von ihrer Mutter, aber nie von ihrem Vater sprach? Warum habe ich nie nach ihm gefragt? Warum ist mir die Aussparung nicht aufgefallen? Die Ausrede, dass die Jugend nur Zukunft will und sich in seltensten Fällen für die Vergangenheit Älterer interessiert, greift nicht, denn auch später fragte ich nicht, als ich schon erwachsen war. So konnte es sein, dass ich den Grund, warum sie mir nicht von ihm sprach, erst Jahre nach ihrem Tod erfuhr.

Die Flucht II

Jetzt. Ich frage Sarah: »1945. Die Flucht. Du wolltest doch von der Flucht erzählen. Du hattest neulich begonnen, hattest von der Bürgermeister-Villa erzählt. Wann und wie begann die Flucht?«

Sarah erzählt:
Wir sind aufgebrochen am 5. Mai 1945, drei Tage vor der Kapitulation. Meine Mutter, meine Schwester und ich.
»Ihr wart allein?«
Allein, ja, allein.
»Wo war dein Stiefvater?«
Der war in administrativem Auftrag des NS-Regimes in der Ukraine.
»Weißt du Genaueres darüber?«
Nein. Er kam später in englische Gefangenschaft. Nach dem Krieg ist er entnazifiziert worden. Er wollte mich adoptieren, aber das hat mein Vater verhindert.
»Und wo war dein Vater 1945?«
Der war gleich zu Beginn des Krieges eingezogen worden und war als gemeiner Soldat in Russland. Auch er kam dort in Gefangenschaft.
»Willst du euren Aufbruch beschreiben?«

Die Volksempfänger verkündeten noch immer den nahen Endsieg. Auch in den Briefen, die mein Stiefvater meiner Mutter aus der Ukraine schrieb, stand, dass ›wir‹ bald endgültig siegen würden. Aber das glaubte niemand mehr. Die aus allen Richtungen einflutenden Gerüchte signalisierten Bedrohliches. Ein einziges brodelndes dunkles Gerüchtemeer ringsumher. Immer lauter wurden die Warnungen vor der herannahenden russischen Armee. Da bekamen sie alle Angst. Da packten sie alle ihre Sachen. Meine Mutter packte auch. Wir zogen los. Zwei Koffer schleppten wir, einen großen und einen kleinen, dazu ein oder zwei Taschen, hoch bepackt waren wir, weit über unsere Kraft, und dann war da ja auch noch der Kinderwagen, in dem meine Schwester saß. Am Anfang wurden wir oft mitgenommen in einem Automobil oder auf einem Pferdewagen. Das glückte immer seltener. Immer länger und immer weiter mussten wir zu Fuß gehen. Immer mal warfen wir Gepäck ab. Immer mehr. Stück für Stück. Alle warfen immer mehr Gepäck ab. Viele vor uns hatten auch schon immer mehr Gepäck abgeworfen. Überall lagen sie herum, die abgeworfenen Gepäckstücke. Aufgerissen, aufgeplatzt, meist schon durchwühlt. Das sah merkwürdig aus. Das sah wild aus. Das hat mir gefallen. Wenn wir etwas brauchten, Strümpfe zum Beispiel, Schuhe zum Beispiel oder ein Handtuch, dann durchwühlten auch wir die Gepäckstücke der Vorangegangenen und oft fanden wir etwas Brauchbares.

Es war ein warmer Mai. Zum Glück. Nachts schliefen wir versteckt im Freien.

»Hattest du Angst?«

Nein.

»Hatte deine Mutter Angst?«

Das denke ich. Denn sie achtete streng darauf, dass unser Nachtlager nicht eingesehen werden konnte, dass es versteckt lag in Büschen oder in sehr hoch bewachsenen Feldern.

Sarahs Gesetz

Wir führen, das behaupte ich, einen soliden Haushalt. Aber in unserem Haushalt gibt es, nach Sarahs Willen, keine Untertassen. Tassen gibt es bei uns nur in der Becherform. Ich habe Sarah gefragt, warum es keine Untertassen geben darf. *Noch etwas, das in die Spülmaschine eingeräumt werden muss*, hat sie gesagt. Ich beschloss, darin kein Problem zu sehen.
Immerhin: Unsere Trinkbecher sind chinesischer Herkunft, und sie schimmern jadegrün. Da muss man sich nicht schämen. Auch zwei weiße von KPM gibt es. Die hat eine Freundin uns geschenkt. Das Porzellan, das ich vor zehn Jahren, als unser gemeinsamer Haushalt entstand, aus meinem Frankfurter Leben einzubringen gewillt war (einschließlich der Untertassen), fand keine Gnade in Sarahs Augen. Ich hing nicht daran, und ich hätte mich auch andernfalls nicht gewehrt, weil ich für die Hausarbeit kaum noch taugte und diese Bürde ganz bei ihr war (und da blieb sie bis zum heutigen Tag). Auch silbernes Besteck war nicht erwünscht, wegen der anstrengenden Putzerei.

Hier ist eine Anmerkung nötig. Es könnte ein falscher Eindruck entstehen. Meine Freundin Sarah ist keine Despotin. Sie sieht sich nicht als Gesetzgeberin. Sie erlässt keine Gesetze.

Sie IST das Gesetz.

Schlaf ist heilig! Sie sagte es nur einmal, und ich wusste: Dies ist ein Gesetz, das geachtet werden muss. Unbedingt! Niemals habe ich ihren Schlaf gestört.

Soweit ich mich erinnere, ist dies auch das einzige Gesetz, das sie wie eine Gesetzgeberin aussprach.

Andere Gesetze fanden und finden sich häufig in beiläufiger Rede. Man könnte sie leicht überhören. Ich muss sorgfältig unterscheiden. Denn es bleibt mir überlassen, das jeweilige Gewicht eines Gesetzes einzuschätzen. Manche haben mindere Bedeutung, ihre Übertretung ist vergleichsweise ungefährlich. *Frauen in fortgeschrittenem Alter sollten keine Jeans und keine Rollkragenpullover tragen.* An das Verbot der Rollkragen, zum Beispiel, habe ich mich nicht streng gehalten.

Größere Schwierigkeiten noch bieten Sarahs Fragen, die in vielen, nicht leicht zu erspürenden Fällen keine wirklichen Fragen sind. Syntax und Prosodie dürfen hier nicht täuschen.

Zum Beispiel bei der Frage:

Findest du dieses Bild gut?

Hier steht die Antwort nicht im Ermessen der Befragten. Hier gibt es nur eine Antwort, nämlich die in Sarahs Augen richtige.

Etwas weniger heikel ist die Frage:

Möchtest du einen Nachtisch?

Für diesen Fall ist es günstig, wenn man weiß oder erahnt, ob Sarah ein Dessert in Vorbereitung hat.

Ist dies so, und man beantwortet ihre Frage leichtfertig mit »Nein, danke«, so hat man sich auf ein strenges *Warum nicht?* gefasst zu machen. Das ist auch keine Frage, eher schon eine Zurechtweisung oder etwas, das in dessen Nähe kommt.
Auch gibt es Fragen, die einfach nur Fragen sind, aber es sind nur wenige.

Im Zuge der Untertassen-Vermeidung entstand, wie man sich denken kann, eine kleine Erschwerung. Wohin mit dem feuchten Kaffee- beziehungsweise Teelöffel? Auch das hat Sarah geregelt. Man kann darin eine fürsorgliche, aber auch eine dirigistische Maßnahme sehen: Unser Gast wird gefragt, ob er Zucker, Milch oder Sahne in sein Getränk haben wolle. Sarah serviert dann die gefüllte Tasse – nicht ohne das Getränk mit der jeweils gewünschten Zutat zu versehen. Auf die Bemessung hat der Gast keinen Einfluss, dafür übernimmt Sarah das Umrühren. Ich weigere mich, das absurd zu finden.
Sarah besteht auf Stoffservietten.

Meine Freundin Sarah war, als ich sie kennenlernen durfte, eine Frau, die ich nicht verstand. Ich glaube, nein, ich bin sicher, ich war nie zuvor einem Menschen begegnet, den ich so wenig deuten konnte. Knapp gesagt: Ich wurde nicht schlau aus ihr.
Nichts fügte sich.
Ratlos.

Von Stund an begann meine Sarah-Hermeneutik, die nun schon an die vierzig Jahre währt. Ich glaube nicht, dass ich zu endgültigen Befunden kommen werde. Ich glaube nicht einmal an die Möglichkeit endgültiger Befunde. Ich glaube nicht, dass wir einander wahrhaft kennen können. Bei aller Liebe nicht. Und wir sollten es auch nicht wollen.

Antrittsbesuche

Aus der Frühzeit unserer Bekanntschaft:
Westberlin. In der Mitte der siebziger Jahre. Ich stehe vor der Wohnungstür. Ein leichter Geruch von Kohle. Die ganze Stadt riecht zu dieser Zeit nach Kohle. Der frisch gefallene Schnee bleibt nicht lange weiß. Schnell schon setzen sich schwarze Rußpartikel auf ihm ab.
Die Stadt steht grau unter tiefhängenden Wolken.
Zu dieser Zeit ahne ich nicht, dass ich später immer einmal wieder viele Tage, Wochen, auch diesen und jenen Monat in Sarahs Wohnung zubringen werde, dass ich sie mit allen ihren Farben, Fugen und Winkeln kennenlernen werde. Dass mich der monatliche Auftritt der schwarzen Kohlenmänner mit ihren schweren hochgefüllten Kiepen, die sie kopfüber in die Kohlenkammer hinein entleeren, beeindrucken wird. Dass ich die Handhabung des Heißwasserboilers im Bad erlernen werde und den des langen Stangenzugs, mit dem sich über das Dach der Kohlenkammer hinweg das kleine Fenster öffnen lässt.

Ich betrachte erstmals Sarahs Berliner Wohnung. Drei Zimmer, Küche, Bad mit Wanne, vormals vermutlich Speisekammer. Der Zuschnitt dieser um die Wende zum

zwanzigsten Jahrhundert entstandenen Wohnung lässt vermuten, dass sie einst gedacht war für ein mittleres Beamtentum.
Sie ist nicht groß, aber geräumig. Sie hat einen plausiblen Schnitt. Die beiden zur Straße gelegenen Räume – der helle Arbeits- und Wohnbereich – sind verbunden mit einer hohen verglasten Flügeltür. Im Schlafzimmer mit dem Fenster zum Hof steht ein großer weißer Kachelofen.
Die Einrichtung macht einen leicht verkargten, aber nicht lieblosen Eindruck. (Den Regency-Sessel gibt es heute noch, so auch die schwarze Wedgwoodkanne.)
Das ist leicht zu erspüren: Es herrscht ein Gefüge in Sarahs Wohnung. Nicht pedantisch, nicht lebensfern erstarrt, eher sinnvoll und stimmig. Eine Fügung von Bild, Staffelei, Tisch, Stuhl, Sessel und Kaffeekanne in Sarahs Handschrift. Aber ich kann sie noch nicht gut lesen. Damit einher geht eine Ordnung, zwanglos, nur in den Arbeitsbereichen gestrafft: sortierte Farbtuben und saubere Gläser, gefüllt mit Pigmentpulver in leuchtenden Farben, gereinigte Pinsel, aufgerollte Leinwände, staubgeschützt verwahrt. Es ist leicht und gleich zu sehen: In dieser Wohnung wird nicht fanatisch, aber doch gründlich auf Sauberkeit gehalten in allen Bereichen.
Das widerspricht dem Klischee einer Künstlerbehausung. Aber das ist ja auch ein besonders idiotisches Klischee, damit habe ich nichts zu schaffen.
Kurzum: Sauberkeit und Ordnungsliebe würden mich nicht wundern, wäre da nicht, dem zuwiderlaufend, immer plötzlich aufblitzend, etwas Explosives, Wildes, ja Elementares im Verhalten der Sarah Schumann, immer wie-

der, hier und da, ist es spürbar, in dieser Äußerung, in jener Reaktion – und in nahezu allen ihrer Bilder.
Ich bringe es zunächst auf eine Formel: Ich habe es zu tun mit einer anarchistischen Preußin oder einer preußischen Anarchistin. Aber bitte sehr, das ist noch sehr hilflos, pauschal und ungenau (rückblickend beurteilt sogar primitiv, auch ganz falsch, aber irgendwie musste ich ja ins Vage hinein anfangen).

Lob der Unschärfe

Vage blieb auch über vier Jahrzehnte mein Bild von ihrem vorangegangenen Leben.
Immer mal wieder, meist ganz unerwartet und immer ohne genaue raumzeitliche Angaben, gönnte sie mir eine kurze Erinnerung, eine kleine Vergangenheit, ein Fragment zu ihrem Leben, ihrer Jugend, ihrer Kindheit, einen Erzählsplitter. Darin immer mal eine Ortsangabe: Hamburg, London, Hannover, Piemont, Berlin, Senftenberg.
Wann war wo was?
Eigentlich gefällt mir das Ungefähre.
Es wird nicht einfach sein, in meinem Kopf die Erzählsplitter zu ordnen. Will ich das? Eigentlich nicht. Nein, streng ordnen will ich sie nicht, schon gar nicht sie zwingen in die Säuberlichkeit eines abgespulten Lebenslaufs.
Ich werde es so erzählen, wie ich es in vierzig Jahren erfuhr, verstreut.

Da war eine Sparsamkeit in ihren Mitteilungen, so dass ich die Erzählsplitter nie hätte zu einem großen Bild fügen können. Lag darin eine Absicht? Wollte sie mich wissentlich etwas irritieren, weil auch sie nicht an die Möglichkeit der geschlossenen Darstellung eines Menschenlebens

glaubte? Nein, das denke ich nicht. Langatmiges Erzählen war ihre Sache nie. Die kleinen Erinnerungsbrocken, die sie mir zuwarf, dienten wohl der Sättigung meiner Neugier. Obwohl ich intuitiv meine Anfragen stets vorsichtig dosiert habe.
Kurz gehaltene Anfragen.
Kurz gehaltene Informationen.
Gelegentlich waren Nachfragen möglich.
Auch vorsichtig dosiert.

Sehr zurückhaltend war ich mit Fragen nach ihrem vorangegangenen Liebesleben. Es war eine Scheu, die sie vermutlich in mir erzeugt hat. Ich spürte, dass ich in dieser Gesprächsregion nicht forsch werden sollte. Sarah kann sich inmitten einer Zwiesprache bedrohlich verschließen. Ein eiserner Vorhang. Hin und wieder fiel ein Name (*… als ich mit x oder y zusammen war …* Es waren nicht viele Namen, und ich glaube, es waren immer männliche Vornamen). Oder im Nachsatz gab es die Formulierung: *… da war ich noch verheiratet …* Wenn diese Ehe eine kurze Erwähnung fand, war der Ton freundlich. Hier waren keine Abgründe zu vermuten. Deshalb war auch keine weitergehende Neugier bei mir.

Die Gebote der Diskretion. Ich werde sie auch wahren im Zusammenhang mit diesem Buch. Ich werde mich fragend annähern, aber sofort einhalten, spüre ich auch nur geringsten Unmut. (Es gibt genügend Foren, auf denen Menschen in Wort und Bild ihr Liebesleben offenlegen, auch und gerne in allen körperartistischen Details.)

Sie hat mich ihrerseits nie gefragt. Nicht nach meinem vergangenen erotischen Erlebnissen, nicht gefragt nach meiner nicht lange zurückliegenden Liebe zu einem erheblich älteren verehrungswürdigen Mann (eine melancholische Liebe, die nach fünf Jahren ein melancholisches Ende gefunden hatte, unter anderem, weil ich für so viel Melancholie noch zu jung war), nicht gefragt nach einschneidenden Ereignissen in den knapp drei Jahrzehnten, die ja auch schon waren, bevor wir uns kannten. Vielleicht fand sie das nicht nötig, weil ich unaufgefordert immer mal etwas erzählte, von Menschen, die ich liebte, und von Ereignissen, die mich beeindruckten, und von Bildern, die sich in mir einbrannten, und dergleichen mehr. Von meiner Mutter zum Beispiel erzählte ich gerne, gern auch von meinem Vater, von einem Onkel, dem jüngsten Bruder meiner Mutter, der bei uns lebte und der wie ein zweiter, aber so ganz anderer Vater war, gern von meinen Hunden, gern von meinen Freunden, und ach …

Manchmal fand ich ihr mangelndes Interesse geradezu kränkend, manchmal empfinde ich das heute noch so. Aber immer seltener. Nein, eigentlich gar nicht mehr. Und ich fand ja auch einen Ausgleich. Denn das Ausbleiben ihrer Fragen quittierte ich mit einem übertriebenen Erzählstrom, den sie zunächst etwas unwirsch, dann nur noch irritiert, schließlich duldsam hinnahm. Richtiggehend aufdringlich erzählte ich. Manche Episode aus meiner Jugend erzählte ich ihr sogar mehrfach, zuweilen unabsichtlich, manchmal auch absichtlich. Sie hat sich damit abgefunden. Und jetzt auch mit meiner Fragerei.

Jetzt, 2014 – es ist wirklich verwunderlich –, findet sie sich sogar in der Vorbereitung für dieses Buch bereit zu gebundenen Kurzerzählungen.

Ich habe sie zuvor natürlich gefragt, ob es ihr recht sei, wenn ich ein Buch über sie schriebe. Sie hat gesagt: *Ja.*
Sie schien nicht verwundert.

Ein Freund, Alexander García Düttmann, hatte mich vor vielen Jahren einmal ganz beiläufig gefragt:
»Warum schreibst du nicht ein Buch über Sarah?«
Das war mir abwegig erschienen. Aber es fiel mir immer mal ein, um sogleich für längere Zeiten wieder ins Vergessen zu tauchen. Es war jedoch nicht vergessen. Irgendwann wurde es mir zu einem Auftrag.

Sommer 1977

Sarah hat sich entschlossen, den Sommer bei mir zu verbringen. Es regnet in Frankfurt und Umgebung schon seit dem Frühjahr. Wir arbeiten beide ernstlich und ununterbrochen. Und es regnet ununterbrochen. Im Mai, im Juni, im Juli. Ich hasse diese klamme Atmosphäre. Ich rechne mit einer allgemeinen Verpilzung. Auch mit der meines Denkens und meiner Empfindungen.

»Ich will, ich muss in die Sonne«, rufe ich Mitte August. »Bitte lass uns reisen. In die Sonne, in den Süden. Nach Italien. Ans Mittelmeer.«

Ein Vorschlag, der Sarah gefällt.

Und was machen wir da?, fragt sie.

»Nichts. Wir wärmen uns in der Sonne, wir genießen den Blick aufs Mittelmeer, freuen uns an den südlichen Farben und Klängen, und wir essen und trinken gut. Ein paar Bücher müssen wir mitnehmen.«

Das habe ich noch nie gemacht, sagt Sarah verwundert.

»Sei's drum.«

Hat sie gesagt, dass sie das spießig fände? Nein, das hat sie nicht gesagt.

Ich bin froh, dass sie zugestimmt hat. Ich liebe die Sonne. Ein Sommer ohne Sonne ist für mich ein Leid.

Weil wir wenig Geld haben und um die Gefahr der Spießigkeit noch ein wenig zu steigern, gehe ich in ein Reisebüro und besorge Kataloge. Für günstige Pauschalreisen. Sarah wendet sich mit Grausen. Aber sie ist auch amüsiert.

Sommerliche Reisen in den Süden kenne ich seit meiner Kindheit.

Damals in meinen jungen Jahren gab es noch keine Pauschalreisen. Damals sprach man noch von der Sommerfrische. Damals, in den fünfziger Jahren, fuhren wir mehrfach im mächtigen dunkelblauen Opel Kapitän meines Vaters nach Italien. Auf dem Brennerpass kochte regelmäßig das Kühlwasser. Mein Vater stieg aus und öffnete die Motorhaube, aus der es dampfte. Ich hockte neben meinem Hund am Straßenrand und kotzte. Mein Hund kotzte auch.

Ich mochte das sonnenverwöhnte Land von der ersten Stunde an. Schon als Kind. Ich mochte die Farben, die Wärme, den Klang der Sprache. Deutlich erinnere ich mich an unsere Reise zum Gardasee, an ein – wie mir schien – riesiges Hotel. Ich erinnere mich an lange Gänge, mit Spiegeln, Ölgemälden, Blumenvasen und dunkelroten Samtportieren. Ich erinnere mich an den Speisesaal mit Fenstern zum See.

Ich erinnere mich an den hoteleigenen Holzsteg, der in den See ragte.

Ich sehe mich da sitzen. Unter einer fremden Sonne. Getaucht in ein ungekanntes Licht. Umgeben von neuen Farben. Ich schaue auf den glitzernden See. Ich sehe mich träumen.

So traumhaft, wie ich den See damals wahrnahm, erschien er hernach oft in meinen Träumen. Ein Märchensee.
Obwohl ich das Land noch häufig bereisen sollte, bin ich in späteren Jahren nie wieder dorthin gefahren. Vorsichtshalber. (Gute Erinnerungen sind kostbar.)
Ich erinnere, dass ich mich schämte, weil mein Vater einen altmodischen Badeanzug trug. Halbwüchsige (ein aus der Mode gekommener, aber doch ganz brauchbarer Ausdruck) entwickeln solch absurde Scham, eine spezielle Torheit, von der auch ich damals nicht frei war.
Irgendwo existiert wahrscheinlich noch eine merkwürdig verblasste Farbfotografie von diesem Urlaub: Da hocke ich auf dem noch nicht überfüllten Markusplatz und füttere Tauben. Das gehörte dazu.
In Verona sah ich die Aida.
So war das damals in den Fünfzigern.

Jetzt, im Jahr 2014, vermisse ich die Telefonate mit meiner Freundin Friedel Gerdenitsch. Sie ist in ihrem siebenundneunzigsten Lebensjahr gestorben. Einmal sagte ich zu ihr:
»Ischia vor vierzig Jahren, das war noch schön!«
Da sagte sie zu mir:
»Ischia vor sechzig Jahren, das war noch schön!«
Ja so ist das.

1977. Unsere erste gemeinsame Reise. Also Ischia. Das mit dem Pauschalen und den Katalogen ist neu auch für mich. Ich lerne, die reklamationspräventiven Anpreisungen in diesen Katalogen zu decodieren. Ich mache meine Sache gut. Ich wähle eine auffallend billige Unterkunft. Deren etwas verschwommene Abbildung gefällt mir. Ein altes, alleinstehendes Haus. (Villa Aurora, oder etwas in der Art.) Es liegt außerhalb des Ortes Forio erhöht am Meer. Sarah ist einverstanden.

Drei Wochen später befinden wir uns in dieser schlecht und recht zu einem Hotel umgebauten alten Villa auf Ischia. Die Bezeichnung Villa ist gutmütig. Das Haus bröckelt. Schon im nächsten Jahr wird es nicht mehr im Katalog aufgeführt sein.

Wir bewohnen ein großes Zimmer: altmodische, bräunlich verblasste Tapeten, ein schwerer dunkler Schrank aus der zweiten Hälfte des neunzehnten Jahrhunderts mit einem blinden Spiegel auf der Frontseite, quietschende Betten mit durchgelegenen Matratzen. Nur selten funktioniert der Boiler im Bad. Warmwasser ist ein Glücksfall. Die Gäste: ein wilder Haufen junger Leute, hauptsächlich gutgelaunte Italiener, die vermutlich mit uns ahnen, dass man so billig hier bald schon nicht mehr wird sein können. Am Vorabend lagern sie meist in der Eingangshalle auf mehreren altgedienten Sofas und Sesseln, sehen Trickfilme (sagt man schon Comicfilme?) auf einem knatternden TV-Gerät und lachen in lauten Wellen.

Das Frühstück: na ja. Aber vor unserem Zimmer eine ausladende Terrasse mit einer breiten Steineinfassung, auf der man sitzen und liegen kann. Ein weiter Blick auf das Meer. Der Blick ist ein Glück, und man kann es haben schon gleich nach dem Aufwachen. Tagsüber baden wir in einer nahe gelegenen Bucht, oder wir erkunden die Insel.

Am Abend gehen wir oft zu einem Haus in Forio. Die

Mundpropaganda der jungen Italiener hat uns geführt. Dort kocht eine alte Frau an einem alten Herd auf offenem Feuer mit alten Gerätschaften in ihrer Wohnküche für zahlende Gäste. In dem leicht verrußten großen Raum gibt es einen langen Tisch, der für Fremde reserviert ist, und einen zweiten für die Familie der alten Frau. An ihm finden sich wechselnd Angehörige ein. Nur ihr mürrischer Mann ist immer anwesend, schweigend, tiefgebeugt über seinem Mahl. Die alte Frau kocht gut und stellt das Essen wortkarg vor uns hin. Sogar der weiße Wein, der in einem beschlagenen Glaskrug schon auf dem Tisch steht, ist genießbar. Meistens gibt es Fisch. Er glänzt, frisch dem Meer entnommen, im Ganzen auf dem Teller.
Auch hier läuft der Fernseher, von dem der Mann der Köchin, über seinem Teller hängend, kaum ein Auge wendet.
Es geht uns gut auf Ischia.

Ja, wie schon gesagt, das mit dem Vorschlag, in die Sonne zu flüchten, habe ich gut gemacht, denn von nun an kann ich sie jedes Jahr überreden, im September mit mir ans Mittelmeer zu fahren. Ich habe unsere Reisen nicht gezählt, aber es könnte sein, dass sie nahezu dreißigmal stattfanden.

Schwein gehabt

Diese Episode hat Sarah ein- oder zweimal erzählt. Wenn ich mich recht erinnere, hatte es sich so ergeben, wenn wir im Gespräch mit Gästen Kindheitserinnerungen austauschten. Sarahs kleiner Beitrag löste Erheiterung aus.

Eines Tages (in den frühen dreißiger Jahren) bekam sie ein Marzipanschwein geschenkt. Rundlich. Rosig. Feinporig. Matt. Ein Genussversprechen. Sicher hat sie daran gerochen. Vielleicht war da ein feiner Mandelgeruch gewesen.

Das Geschenk, ein Ereignis, kam von außen. Im elterlichen Haushalt war für dergleichen kein Geld. Sarah stellte hochbeglückt das Marzipanschwein in ihren Kaufmannsladen. Den immerhin hatten einige Zeit zuvor die Eltern geschenkt. Aber er war leer gewesen. Komplett leer. Seine reguläre Bestückung mit kleinen Lebensmitteltüten, Kaffeedöschen, winzigen Waschmittelkartons und dergleichen mehr war in Aussicht gestellt worden, war aber nie erfolgt.

Das Schwein passte haargenau in eines der Fächer. Sie bestaunte die Seitenansicht des rosigen Wunders Tag um Tag, schob aber das Glück, endlich davon zu essen, noch hinaus, um die Vorfreude zu steigern und ganz auszukosten.

Bis der Tag heranreifte, an dem sie sich die Geschmackssensation gönnen wollte. Endlich!
Dann der Schock. Das Schwein war nur noch Fassade. Ihr Vater hatte es heimlich herausgenommen, behutsam ausgehöhlt und bis auf eine hauchfeine Schauseite aufgegessen. Bildhauer können so etwas.

Diese Geschichte ist komisch. Diese Geschichte ist grausam. So ein Vater ist für mich exotisch. Nie hätte mein Vater mir ein Glück gestohlen.
Nach dem Verhältnis zu ihrem Vater befragt, sagte Sarah, er sei zwar kein sehr verantwortungsvoller Vater gewesen, aber er habe sich im Großen und Ganzen nicht so kalt und lieblos ihr gegenüber verhalten wie die Mutter.

Ich habe Sarahs Vater noch kennengelernt. Ein netter alter Mann. Vollbart und Manchestercordhose. Wie man sich früher einen Künstler vorstellte. Er hatte ganz offensichtlich nichts gegen unser »Verhältnis« einzuwenden, fand mich aber zu dünn.

Als bei Sarahs Vater 1985 die Qualvorboten des Sterbens einsetzten, hat sich Sarah, so gut sie nur konnte, bis zu seinem Tod um ihn gekümmert.

Mein Vater war zu der Zeit, als ich Sarah kennenlernte, schon gestorben. Dass auch meine Mutter keine Einwände gegen unser »Verhältnis« hatte, konnte ich erkennen an der Frage, ob »wir« eine schöne Salatschüssel gebrauchen könnten, die sie »uns« gerne überlassen wolle.

Hunger II

Jetzt, da ich mein Gedächtnis bemühe und diese Erinnerungen niederschreibe, meine Erinnerungen, in die Sarahs Erinnerungserzählungen eingelagert sind, höre ich in den Schreibpausen eine Musik, die meine Mutter liebte: Johannes Brahms, »Ein deutsches Requiem«.
»Und alles Fleisch, es ist wie Gras.«
Auch meine Mutter hat, wie gesagt, den Hunger kennengelernt.

Es sei ein Albtraum gewesen, sagte meine Mutter, aber sie erzählte ihn mir lachend.

(Zuvor sollte ich erwähnen: Meine Eltern legten nahezu jeden Abend nach dem Essen Schallplatten auf. Mein Vater war ein glühender Liebhaber der Musik Richard Wagners; meine Mutter, gesegnet mit einem sehr schönen lyrischen Sopran, hörte Bach, Brahms, Mozart, Schumann, Offenbach. Sicher auch anderes, aber an einzelne Tonkünste dieser Komponisten erinnere ich mich in besonderer Weise.)

Zurück zum Albtraum, der meiner Mutter in der Nachkriegshungerzeit widerfuhr.
Ihr träumte, dass mein Vater, von einer Reise zurückkehrend, mit einem verheißungsvollen flachen Paket unter dem Arm zu ihr getreten sei.
Pralinen!, dachte sie erregt. Er hat mir Pralinen mitgebracht. Sie hatte fast schon vergessen, dass es etwas so Köstliches einst gegeben hatte. Ein vom Heißhunger getragenes Glück war über sie gekommen.
Dann aber entfernte mein Vater das Geschenkpapier und hielt ihr strahlend mit den Worten »Der ganze Ring« die Kassette entgegen.
Da ist sie entsetzt aufgewacht.

In meinem fünfundzwanzigsten Lebensjahr lag ich drei Monate im Krankenhaus. Ich erhielt eine hässliche Diagnose. Ich suchte nach einem Trost.
Plötzlich war ich durchdrungen von der Idee, dass mir klassische Musik helfen könnte. Wie von einem Pfeil getroffen. Merkwürdigerweise sehnte ich mich nicht nach der Variante des klassischen Repertoires, mit dem ich in meiner Kindheit und Jugend allabendlich beschallt worden war, auch nicht nach der akustischen Verwandtschaft dessen, was ich selber schlecht und recht während der zehn Jahre Klavierunterricht am Hoch'schen Konservatorium zu Gehör gebracht hatte, auch nicht nach der damaligen Populärmusik, die sich in meiner Plattensammlung befand, nein, ich war – ohne es mir erklären zu können – fanatisch entschlossen, italienische Opern zu hören.

Und das tat ich.
Und das half mir.

Sarah braucht die Musik nicht so sehr. Ich glaube, sie besaß, als ich sie kennenlernte, keinen Plattenspieler. Aber sie hat mich gelegentlich in die Oper begleitet. Sie tat es gerne. Und seit vielen Jahren hört sie beim Malen Belcanto-Arien, gesungen von Maria Callas. Ausschließlich gesungen von Maria Callas. Auch ich liebe den Gesang der Callas und bewundere die Belebung, die sie in den »schönen Gesang« brachte, aber doch nicht in dieser Ausschließlichkeit. Ich kann auch Sängerinnen neben ihr mögen. Ich vermute, dass in Sarahs Fall Bildphantasien mit dem besonderen Stimmklang und Nimbus dieser Sängerin (die sie auf einem Bild verewigte) einhergehen. Aber ich muss das nicht ganz verstehen.
Mein Freund Walter Boehlich brauchte, nach eigener Aussage, die Musik überhaupt nicht. Auch das muss man freundschaftlich nehmen, ohne es nachfühlen zu können.

Sizilien Taormina

Auch dort waren wir mehrfach.
Irgendwann in den späten siebziger oder frühen achtziger Jahren. Von einer dieser Reisen gibt es viele Fotografien, richtige Touristenfotos. Die gab es auf früheren Reisen kaum, auf späteren selten. Bald gar nicht mehr. Aber ich habe sie in den letzten dreißig Jahren nicht mehr angesehen. Soll ich sie hervorholen zur Erinnerungsbelebung? Nein. Meine Erinnerung sagt: Es war der Urlaub der kleinen Katastrophen. Sarah hatte Zahnweh und suchte Hilfe bei einem dilettantischen deutschen Zahnarzt, der ihr einen gesunden Zahn zog.
Morgens schwebten wir von der Höhe des Monte Tauro mit der Funivia hinab ans Meer. An dem Tag, an den ich mich markant erinnere, befand sich unter den Urlaubern, die mit uns in der Gondel saßen, ein junges deutsches Pärchen. Es war sehr spürbar, und es sollte auch spürbar sein: Die beiden wussten sich in ihrem Aussehen und Verhalten abgehoben von deutscher Spießigkeit. Sie konnten sich sogar dafür begeistern, dass der Zug, mit dem sie vortags in Taormina-Giardini eingetroffen waren, zwei Stunden Verspätung hatte.
Angekommen in Mazzarò entstiegen wir der Funivia. Dort

wartete ein kleiner Bus, der uns und etwa sechs andere Touristen zu einer Badebucht bringen sollte. Das Pärchen verabschiedete sich, nicht ohne uns ausdrücklich andere, deutlich antitouristische Pläne zu verkünden.

(Zu dieser Zeit konnte ich meinen Beinen noch trauen. Bis zu einem gewissen Grade. Auf kurzer Strecke. Bei der Überwindung von Treppen oder unwegsamen Böden allerdings war ein Geländer oder ein hilfreicher Arm geboten.)

Als ich in den Bus einstieg, hielt ich mich am Rahmen der Wagentür fest. Noch während ich mir Mühe gab, meiner Einstiegsbewegung eine Geläufigkeit zu geben, schob eine Frau, eine Deutsche, vehement die Tür des Busses zu. Ein scharfer Schmerz, ausgehend von meinem Mittelfinger, den ich nicht schnell genug zurückziehen konnte, durchfuhr sogleich meinen Körper, ließ meine Knie weich werden und meine Sinne schwinden.

(Das kenne ich. – Und ich kannte es auch damals schon. – Während »ich« mir noch ein heldenhaftes Ertragen befehle, verrät mich der Körper.)

Nach kurzer Umnachtung kam ich wieder zu mir und fand mich auf dem Boden des Fahrzeugs liegend. Die deutsche Frau, die ich nie zu Gesicht bekam, rief ununterbrochen: »Ich habe keine Schuld.«

Sarah sagte, dass sie den Mund halten solle.

Der Fahrer wendete wortlos den Bus und fuhr zügig mitsamt seiner menschlichen Fracht in das nächstgelegene Provinzkrankenhaus.

(Das war gut am Italienischen!)

Ich erinnere mich an das touristische Gemurre im Bus.

Verwunderung, mit einem leichten Unterton von Empörung.

Das Krankenhaus allerdings, vor dem der Fahrer Sarah und mich absetzte, war nahezu menschenleer. Den Grund erfuhren wir erst später: Wegen eines Fußballspiels (sagen wir: Palermo gegen Messina) hatte sich ein großer Teil des Personals freigenommen.

(Das war nicht so gut am Italienischen.)

Schließlich reagierte doch eine junge Schwester auf Sarahs laute Rufe.

Sarah brachte einen preußischen Ton in ihr Italienisch. Sie solle mal in die Gänge kommen und sich um mich kümmern. Die Schwester zuckte zusammen und ließ eine Infusionsflasche fallen, die mit einem lauten Knall auf weißen Fliesen zerplatzte.

(Ich höre noch den Knall und sehe, wie die Flüssigkeit nach allen Seiten spritzt.)

Dann (meine Erinnerung springt etwas) fand sich ein fröhlicher Röntgenarzt, der ohne jeden Schutz für mich und sich meinen Finger auf ein Telefonbuch platzierte und durchleuchtete. Nicht gebrochen. Mir ging es inzwischen auch wieder ganz gut.

Ich erinnere mich an ein Foto, auf dem ich lache und den theatralisch verbundenen Finger in die Höhe halte. Ich glaube, ich trug eine schöne Hose. Vielleicht sollte ich die Fotografien doch noch einmal hervorholen. Ich weiß aber jetzt schon, dass ich es nicht tun werde, Sarah betrachtet nicht gerne alte Fotografien – und allein ist es traurig.

Einige Reisen später: Toskana. Forte dei Marmi. Auch dort hat mich mein Körper verraten. Ich war lange gelaufen. Zu lange. (Sandaletten mit hohen Absätzen.) Ich stürzte. Ein Schmerz. Ein Schreck. Eine Wunde am Bein. Ich rappelte mich hoch und spürte sogleich, dass ich mich nicht würde aufrecht halten können. Sarah bemerkte das und bugsierte mich zu einer Bank, die glücklicherweise ganz in der Nähe stand.

Da lag ich dann.

Eine alte Dame, eine Französin (darf man die Erscheinung eines Menschen heute noch als vornehm bezeichnen?), kam zu uns und sprach die Peinlichkeit weg, besser: Sie plauderte sie weg im Ton einer höflichen Konversation.

Ja, sagte sie, gewiss, das sei peinlich, wenn ein erwachsener Mensch plötzlich wurmgleich so im Staube liege. Aber warum eigentlich? Man solle doch das Gebot des aufrechten Gangs nicht dahingehend missverstehen, dass so ein zufälliger Sturz mit dem Totalverlust jeglicher Würde verbunden sein müsse.

Sie holte weit aus und sprach so zierlich zu mir, als säßen wir in ihrem Salon; sie sprach weich und begütigend; sie sprach, bis ich wieder lächeln konnte; sie sprach noch immer, als Sarah mit Desinfektions- und Verbandsmaterial von ihrem Lauf zur Apotheke zurückkehrte und mich versorgte.

Dann verabschiedete sich die Französin in schönster Manier.

Ich weiß nicht, wie sie hieß, ich weiß nicht, wer sie war, aber ich werde ihr Gesicht, ihre Stimme, ihre Erscheinung, so wie sie auf uns zukam und sich zu mir beugte, niemals vergessen.

Im letzten Jahrzehnt verschmolz das erinnerte Gesicht der Französin zuweilen mit dem einer Dame, die ich sehr gerne mag und die mir in mehrfachen Nöten mehrfach half.

Damals, als ich da lag auf der grüngestrichenen Holzbank am Rand einer Flanierstraße in Forte dei Marmi in der Mitte meines Lebens, war mir, als hörte ich eine Stimme aus einer verloschenen Zeit, aus dem Schönsten einer vergangenen Welt.

Lob der Unschärfe II

Ich muss das erwähnen, unbedingt, andernfalls wäre alles müßig: Sarah ist während der letzten vierzig Jahre, wenn es ernst wurde, nie von meiner Seite gewichen, in jede Intensivstation vorgedrungen, hat ein Vierteljahr eine offen klaffende Wunde an meinem Hals sorgsam und keimabwehrend verbunden, sie hat mich lange Zeiten nach den Operationen und anderen krankheitsbedingten Schwächeperioden gepflegt und versorgt, wann immer es nötig war. Und oft war es nötig.

Ich bin ihr dankbar, und ich bin dankbar, dass die Liebe da war, bevor ich wusste, dass ich ihr den Dank einmal in so hohem Male schuldig sein würde. Sonst hätte ich mich fragen müssen, ob ich da nicht etwas verwechsele.

Wie soll ich nennen, was uns verbindet? Sarah favorisiert das Wort Freundschaft. Hat aber auch keine Einwände gegen das Wort Liebe, würde jedoch, wie ich vermute, aus pathosfeindlichen Gründen nicht zu anderen so sprechen. Ich tue das manchmal, allein schon damit nicht der Eindruck entsteht, ich wolle da etwas verbergen oder verschleiern. Ich glaube, unser Zusammensein hat von beidem das Beste. Dass eine Liebe auf die längere Dauer nur

dann eine Chance hat, wenn die Freundschaft mit ihren Geboten des Vertrauens und der Verlässlichkeit dazukäme, haben vor mir schon Kluge erkannt.
Es gab keine Verpflichtungen. Wir haben nicht einmal vereinbart, dass wir nichts vereinbaren wollen, wir haben nicht von irgendeiner Freiheit gesprochen, die wir einander gewähren wollten, das wäre uns völlig absurd erschienen, da sie zu keiner Zeit durch keine Verabredung in Frage gestellt war. Wenn man nichts verspricht, muss man auch nicht von einem Versprechen entbinden. Wir jedoch sind (unabhängig voneinander) nicht einmal der Idee eines Versprechens nahegekommen. Wir hatten offensichtlich nicht den Wunsch, eine Vereinbarung nicht zu treffen.
So what.
Wir haben das nie beredet, das, was wir für uns oder für andere sind. Sollte ich das einmal initiieren? Oder wäre der Zauber dann zerstört? Zauber? Ist die gleichfalls unausgesprochene Idee einer zauberhaften Einzigartigkeit nicht etwas prätentiös? Bei Sarah stände sie unter Kitschverdacht. Ich bin da robuster.
Halten wir fest: Unser Zusammensein ist einzig auf seine Weise wie jede Freundschaft, die diese Bezeichnung verdient, wie jede Liebe, die diese Bezeichnung verdient.
Muss da irgendetwas noch geklärt werden? Nein.
Spielen Benennungen, sprachliche Festlegungen, Bekenntnisse noch eine Rolle? Nein.
Waren sie jemals nötig? Nein.
Na also.

Jetzt, wo ich darüber nachdenke, waren alle meine Lieben so zementfrei und ganz ohne Etikett.

Es gibt keinen Gründungsmythos. Bis auf ein kleines Erstbegegnungsnarrativ, das ich mir erlaube und sogar einmal in eine Erzählung gebracht habe. Darin spielt die Telefonzelle vor dem Haus, in dem Sarah damals wohnte, eine wichtige Rolle.

Unser Beieinander hatte in seinem Verlauf über die Jahrzehnte und die räumliche Entfernung (Berlin–Frankfurt am Main) hinweg eine Zwangsläufigkeit. Diese Zwangsläufigkeit hat – ich bin sicher – keine von uns herbeigeführt, sie war uns lange Zeit nicht einmal bewusst, ich kann sie auch nur etwas verschwommen im Rückblick ausmachen (indem ich allerlei Alltägliches in die Erinnerung hole), ich kann da nichts datieren. In aller Vorsicht kann ich sagen, dass sie wahrscheinlich in den letzten dreißig Jahren beiderseits langsam, immer mal mehr oder weniger spürbar wurde. Was wurde spürbar? Dass es wohl nicht anders sein konnte.
Ich frage Sarah, ob ich das so sagen darf.
Sie sagt: »Ja.«

Gleichwohl:

Da waren in der ersten Zeit unendlich viele Missverständnisse und Konflikte. Harte Gegensätze lagen anfänglich auf unserem Weg, so dass wir stolperten, so dass wir stritten, so dass wir kämpften, so dass wir uns verfehlten – so dass ich mich zuweilen fragte, wie es sein könne, dass wir der gleichen Gattung angehören. (Das ist nicht übertrieben!)

Sarah Schumann kargte mit Worten. Sie war, als ich sie kennenlernte, eine Schweigende. Ich sage »war«, weil sie es nicht mehr ist. Zwar ist sie nach wie vor eine Feindin unnötiger Worte, aber sie ist nicht mehr auffällig schweigsam. Damals erschwerte ihre Wortkargheit die verbale Klärung – oder wenigstens die Milderung – beiderseitiger Befremdungen.

Zuweilen hatte ich den Verdacht, sie verweigere bockig alltägliche Sprechregularien.

Manchmal war ich wütend.

An einen unserer frühen verbalen Kämpfe kann ich mich erinnern. Nicht an das, worum es eigentlich ging, wohl aber an die Gefechtsstationen. Ich sah mich als Opfer einer bizarren Gesprächsartistik, empfand eine permanente

Unterwanderung meiner Worte, eine böswillige Lust an Sinnzerstörungen. Nach einem längeren wirren Hin und Her von Anklagen und spröden Zurückweisungen wurde ich unangemessen pedantisch im Versuch, einen Verlauf von Rede und Gegenrede zu erzwingen, der der Logik gehorcht, ja, ich klagte die mangelnde Logik sogar ein.
Sie aber dachte gar nicht daran, sich an Verlaufsvorgaben zu halten. Vielleicht argwöhnte sie eine kommunikative Hinterlist meinerseits, eine szientifische Finte.
Jedenfalls beeindruckte sie mein Einspruch nicht.
Ich muss weiterhin gehofft haben, dass es möglich sei, etwas Ordnung in das Redegeschehen zu bringen, ihm ein Fundament zu geben. »Aber«, so sprach ich hilflos, schon auf dem Rückzug: »Wir befinden uns doch gemeinsam jetzt und hier in diesem Raum!«
In welchem Raum?, fragte sie.

Es war ein ganz kurzer Kampf.
(Ich bin sicher, dass das Wort Kampf hier nicht hingehört, aber ich habe das damals so empfunden.)
Danach wusste ich, dass es ums Gewinnen nicht gehen konnte.
In solchen Auseinandersetzungen darf es nie ums Gewinnen gehen.
Und Sarah hatte ja auch recht: Unseren Raum gab es noch gar nicht, unsere Zeit auch nicht. Dieser besondere Raum sollte erst mit den kommenden Jahren entstehen.

Sarahs Schwester und Louis

Sarah hat eine Schwester. Sarahs Schwester heißt Dorothea. Eine sogenannte Halbschwester. Ich mag diesen Ausdruck nicht, weil mir die Paarung von Geschwisterliebe und Bruchrechnung unangenehm ist.

Als Sarah im Alter von fünfzehn Jahren das elterliche Haus endgültig verlassen hat, war Dorothea noch ein kleines Mädchen gewesen. Dorothea hat mir erzählt, dass sie ihre große Schwester damals sehr vermisst habe und dass sie eine Jacke, die sie von ihr geschenkt bekommen hatte – »zum Schnüren mit Schößchen« –, jahrelang wie einen Schatz verwahrt habe.

Ich habe die Schwestern, kurz nachdem ich Dorothea vor vier Jahren kennenlernte, getrennt voneinander gefragt, wie es kommen konnte, dass keine in den 55(!) Jahren nach Sarahs Auszug auch nur den Versuch einer Kontaktaufnahme unternommen habe. Sie konnten es mir nicht erklären.

»Ich weiß es nicht«, sagte Dorothea bei einem Spaziergang am Lietzensee.

Sie wirkte ratlos.

Ich weiß es nicht, sagte Sarah.

Ich vermute einen bösen Zauber der Mutter. Mit deren Tod

im Jahr 2003 war der böse Zauber von ihnen genommen. Es gab nichts zu erben, und Sarah hätte eh nichts gewollt, das von dieser Mutter kam – auch posthum nicht. Aus organisatorischen Gründen gab es jedoch dies und jenes zu besprechen, um bürokratischen Erfordernissen zu genügen. Die Schwestern mussten miteinander telefonieren.

Im Herbst 2006 fuhr ich zur Buchmesse nach Frankfurt am Main. Sarah begleitete mich. Beim Frühstück im Hotel – es war am zweiten oder dritten Tag – sagte sie, dass sie einen Tagesausflug nach Köln machen werde. Was sie denn dort vorhabe, fragte ich.

Ich besuche meine Schwester, sagte sie.

Ich ließ mir das Erstaunen nicht anmerken und stellte auch keine Fragen. Zwar wusste ich von einer Schwester, doch hatte deren Existenz, verborgen in den gezielten Verschattungen der Mutter und in Sarahs Schweigsamkeit, nie zu einer Gestalt in meiner Vorstellung werden können.

Als Sarah am Abend von ihrem Ausflug zurückkam, fragte ich nicht.

Erst am nächsten Tag, als wir erschöpft die Buchmesse verlassen hatten und uns im Hotelzimmer ausruhten, brachte ich meine Frage: »… und wie ist es dir in Köln ergangen?« beiläufig unter.

Und auch das war erstaunlich: Sarah erzählte zunächst von Dorotheas Hund Louis, einer französischen Bulldogge.

Hätte ich mich an ihrer Stelle so sonderlich canophil (gibt es dieses Wort?) verhalten, wäre niemand erstaunt gewe-

sen. (Ich bin mit Hunden aufgewachsen, ich liebe diese Tiere.) Aber in Sarahs Fall war das verwunderlich.
Langsam begriff ich: Der Hund hatte den fremden Schwestern in einem familiären Niemandsland die Wege gezeigt. Hatten sie doch allenfalls unklare und verzerrte Vorstellungen voneinander, Bilder, die zurückreichten in ein jeweils lange zurückliegendes Lebensalter. Nicht einmal eine Fotografie von der anderen hatten sie in der folgenden Zeit gesehen. Sie waren nicht gut gerüstet für diese Wiederbegegnung nach den verlorenen fünf Jahrzehnten. Alles, was sie hatten: ein paar arme, nichtssagende, von der Mutter gefilterte Informationen über die Lebensbedingungen der anderen Schwester.

Sarah sagte:
Ich hatte, als ich in dieser engen Kölner Altstadtgasse vor der Haustür stand, plötzlich die schlimmsten Befürchtungen. Sie hätte ja auch rein optisch eine Zumutung und obendrein eine fürchterliche Spießerin sein können.
»Und war sie eine fürchterliche …?«
Überhaupt nicht.
Der Hund habe sich sofort in den Vordergrund geschoben. (Was sehr glaubhaft ist, wenn man Louis kennt.) Und da hätten sie zuallererst über dieses Tier sprechen können, warum es sich jetzt so und gleich darauf so verhalte. Über sein grundgütiges Naturell. Das gab Dorothea die Gelegenheit, ausführlich über seine herausragenden Talente zu sprechen. Das tun Hundebesitzer gerne.
Das Gespräch über den Hund, so erzählte Sarah im Hotel, habe die Befangenheit genommen. Und der Hund habe

sich tatsächlich verhalten wie ein professioneller Dolmetscher.
Sie habe sich erstaunlich gut verstanden mit der Schwester.
Sie, also Sarah, sei unglaublich erleichtert gewesen.
Die Arbeitsräume der Schwester hätten ihr gefallen, und besonders gut habe ihr das gefallen, was Dorothea über ihre Tätigkeit als Restauratorin gesagt habe.

Ein beiderseitiges Wohlgefallen, besser hätte es nicht sein können.
Bald darauf (ich mag nicht verschweigen, dass ich das sehr befürwortet hatte) telefonierten sie miteinander.

2010 erwarteten wir erstmalig einen Besuch von Dorothea und Louis und seitdem noch häufig.

Anfänglich sprach Dorothea oft, wenn sie Sarah meinte, von Maria. Sie hat es schwer, weil außer ihr niemand mehr den Namen Maria mit Sarah in Verbindung bringt.
Aber als kleines Kind (und dann über Jahrzehnte) hat sie an eine Schwester namens Maria gedacht.
Wenn sie jetzt bei uns ist, sagt sie, wenn sie Sarah anredet oder von Sarah spricht: Sarah-Maria.

Meine Mutter hat ihren Vornamen gehasst. Sie hieß Elisabetha. Ich weiß aber nicht, warum sie diesen Namen so vehement ablehnte. Habe ich sie einmal danach gefragt? Ich habe es vergessen. Ich werde das nicht mehr wissen können.
Ich mochte meinen Vornamen auch nicht sehr. In meiner

Jugend. Ein Operettenname. So klang er damals in meinen Ohren. Aber ich wäre nicht auf die Idee gekommen, mir einen anderen zuzulegen. Da muss man drüberstehen, habe ich immer gedacht. Damals. Jetzt denke ich über dergleichen nicht mehr nach. Ich habe andere Sorgen. Was hatten sich meine Eltern bei dieser Namensgebung gedacht? War es der Klang? Gab es eine Vorfahrin oder eine Freundin, die diesem Namen Glanz verlieh? An eine römische Waldgöttin dachten sie sicher nicht. Ich hätte sie danach fragen sollen. Ich werde es nicht mehr wissen können. Welchen Klang hatte der Name für ihre Ohren?

Mein Bruder hieß Claus. Auf die lateinische Schreibweise wurde jeweils Wert gelegt. Daran erinnere ich mich. Warum hielten sie das hoch? Ich werde es nicht mehr wissen können.

Das ist nicht elementar, und es löst sich in gleicher Weise wie manches, das wir in den Anwandlungen der Selbstüberschätzung für elementar halten, zunehmend im Mahlstrom des Vergessens auf.

Verschenkte Angst

Ich erinnere mich an einen Ausspruch meiner Mutter. Erhielt sie ein Geschenk, das ihren Geschmack nicht traf, so sagte sie: »Was zählt, ist die gute Absicht.« Das mag sein, dachte ich, aber besser als die gute Absicht ist doch immer ein gutes Geschenk.

Meine Freundin Sarah kann, wenn sie ein Geschenk erhält, das ihr nicht gefällt, sagen: *Das gefällt mir nicht.*

Ich kann das nicht, ich zwinge als Beschenkte die Schenker in die Beobachtung. Sie müssen, wenn sie am Ausmaß meiner Freude interessiert sind, zwischen Freude und der Anzeige von Freude unterscheiden. Ob sie damit bessergestellt sind? Immerhin: Für die Aufrechterhaltung guter Laune ist mein Modell tauglicher.

Nun geht es Sarah – das muss hier unbedingt gesagt werden – nicht um die Aufkündigung ziviler Umgangsformen. Sie weiß, dass die Höflichkeit, und zu ihr gehört auch die Ehrung guter Absichten, zu dem wenigen (neben der Liebe und der Angst vor Strafe) zählt, das die Angehörigen der menschlichen Spezies davon abhält, sich wechselseitig die Köpfe einzuschlagen. Sarah weiß auch, dass der Austausch von Gaben eine wichtige Bedeutung in sozialen Systemen unterschiedlichster Art hat.

Ich erzähle meiner Freundin Sarah, dass sogar Schimpansen die Möglichkeit kennen, sich durch das Schenken in die Gunst anderer zu bringen. *Und was machen sie, wenn ihnen ein Geschenk nicht gefällt?*, fragt sie. »Das weiß ich nicht.« Und das ist vielleicht besser so.

Ich weiß, meine Freundin Sarah ist eine erniedrigt Beschenkte. Mit ihrer rauen Reaktion entschädigt sie sich für frühe Enttäuschungen. Das hat sie mir einmal erzählt: Wie alle ins Kühle gestellten Kinder hoffte sie einst auf beglückend wärmende Wunscherfüllungen und wurde stets enttäuscht. Zu oft enttäuscht. Ich vermute, ein Stolz brachte sie selbst in die Kälte, er verbot ihr, ihre mit jeder Enttäuschung gesteigerte Erwartung zu entweihen, sie der Konvention zu opfern.

Während ich mich früh, als Kind schon, den moderaten Schenkritualen beugte. Erhielt ich, was nur selten vorkam, ein unbefriedigendes Geschenk, so ließ ich mir die Enttäuschung nicht anmerken, um die Schenker nicht zu enttäuschen.

Da haben wir die ganze Bescherung:

Die Angst des Beschenkten vor dem enttäuschenden Geschenk.

Die Angst des Schenkers vor der Enttäuschung des Beschenkten.

Die Angst des Beschenkten vor der Enttäuschung des Schenkers über die Enttäuschung des Beschenkten.

Die meisten Leute kennen diese Verstrickungen nicht. Einmal schenkte ich an einem fernen Strand einer Frau, die klagte, weil ihr die muttersprachlichen Lektüren ausgegangen waren, ein ausgelesenes Taschenbuch. Am nächsten Tag schenkte sie mir zwei Packungen Zigaretten. Nur nichts schuldig bleiben. Die allgemeinen Gesetze der Ökonomie, die auch die Gefühlshaushalte bestimmen, ermöglichen angstfreies Schenken. Im Zuge der Geschenkverrechnung spielen Unwägbarkeiten wie Originalität, Einfühlung und Phantasie keine Rolle.

Muss gesagt werden, dass meine Freundin Sarah diese Regelwerke zutiefst verachtet?

Jetzt naht das Weihnachtsfest. Ich muss ein Geschenk für sie finden.

Ich habe Angst.

Zeitenwirbel

Ach, das ist alles schon so lange her, und doch auch nicht.

Allerlei Zufall

Nochmals zurück ins Jahr 1975. Ins Jahr unserer ersten Begegnung. Nach dieser Erstbegegnung werden wir zuweilen gefragt. Wann? Wo? Was interessiert daran? Der Zufall? Die erste impulsive Wahrnehmung?

Zu dieser Zeit gehörte ich einige Jahre zum Redaktionsteam einer Zeitschrift. Ein Periodikum. Eine freudig hingenommene Selbstausbeutung derer, die es herstellten. Aus irgendwelchen Gründen, die mir entfallen sind, stand ein Umzug der Redaktion von Frankfurt am Main nach Berlin an. Das grämte mich nicht. Ich wollte die Zeit und die Kraft, die mir mein angeschlagener Körper ließ, ganz in die Arbeit an meiner Dissertation stecken. Aber ich wollte ein kleines Signal setzen. Also beantragte ich auf einer Redaktionssitzung, noch in Frankfurt, ein Heft unter dem Rubrum »Frauen Kunst Kulturgeschichte« ganz nach meiner Planung gestalten zu dürfen. Auch die Text- und Bildauswahl sollte einzig mir zustehen. Allerdings: Es galt sich durchzusetzen gegen ein zu dieser Zeit männlich dominiertes Redaktionsteam (außer mir vierzehn Männer!). Kein einfaches Unterfangen, zumal die Thematik relativ neu war und den meisten Herren exotisch erschien. (Das kann ich mir selbst heute kaum noch vorstellen.) Schließlich gab es einen Kompromiss, man übertrug mir die Heftredaktion in Zusammenarbeit mit dem Kunsttheoretiker Peter Gorsen, der zu dieser Zeit schon von Theodor W. Adorno und Jürgen Habermas glanzvoll promoviert worden war. Ein Kompromiss, der mir nur recht war, da ich auch Beiträge zu den einschlägigen Bildtraditionen geplant hatte. Zudem war Gorsen der Einzige, der ernsthaft an der Thematik interessiert war.

Da kam nach dem Umzug der Redaktion Arbeit in Berlin auf uns zu. Durch einen glücklichen Zufall ergab sich eine gute Finanzierung meines ersten Berlin-Aufenthalts zu diesem Vorhaben. Ein Freund, Lothar Menne, damals Lektor im S. Fischer Verlag, vermittelte meine Teilnahme an einer Podiumsdiskussion. Es ging um ein seitenstarkes kulturwissenschaftliches Buch, das Aufsehen erregt hatte. Über die Reisekosten musste ich mir jetzt keine Sorgen machen, und ein Honorar würde es auch noch geben.

Peter Gorsen hatte von einer Frauengruppe gehört, die eine große Ausstellung plante. Am Tag nach der Diskussion, die ich brav absolvierte, hatte ich viel zu tun. (Irgendein Interview und Gespräche über das Layout – ich erinnere mich nur nebelhaft.) Am Abend – ich war sehr müde – wollte ich einige Frauen aus dieser Gruppe kennenlernen, darunter auch die Malerin Sarah Schumann.

In deren Wohnung war ich mit Peter Gorsen und Lothar Menne verabredet.

Unendlich müde, etwas überanstrengt und mit einer peinlichen Verspätung ging ich zu der angegebenen Adresse.

Die Haustür war verschlossen. Keine Klingel, keine Klingelschilder.
Berlin eben. Dort gab es in vielen Häusern ein merkwürdiges Steckschlüsselsystem.
Da war nichts zu machen.
Ich beschloss, mir ein Taxi zum Hotel zu genehmigen.
Im letzten Moment bemerkte ich die Telefonzelle direkt vor dem Haus. Auf dem Zettel mit der Adresse stand auch eine Telefonnummer.

Sarah Schumann öffnete mir die Haustür. Ich war so müde, dass ich sie mir nicht einmal genauer ansah. Ich fragte nur matt, in welchem Stockwerk sich ihre Wohnung befände.
Vierter Stock.
Ich muss wohl leise gestöhnt haben.
In solchen Schuhen hätte ich auch Mühe, sagte sie.
(Ich trug der damaligen Mode entsprechend Stiefel mit High Heels.)
Was für eine blöde Kuh, dachte ich.
An einem großen Tisch saßen Menne und Gorsen in gehobener Stimmung inmitten einiger Frauen. Auf dem Tisch standen weitgehend geleerte Weinflaschen und hochgefüllte Aschenbecher. Das große Bild im Rücken der heiteren Runde war wegen der Rauchentwicklung kaum zu erkennen.
Es ist nicht gut, müde und mürrisch in eine Stimmung zu kommen, an deren Entstehung man nicht beteiligt war.
Im Arbeitsraum der Malerin sah ich eine Druckgraphik, die mir gut gefiel. Ein Blatt, wie mir Sarah Schumann er-

klärte, aus einem Zyklus, den sie zu Lewis Carrolls Kinderbuch »Alice's Adventures in Wonderland« erarbeitet hatte.
»Das kaufe ich«, sagte ich etwas großspurig und wunderte mich über mich und hatte keine Ahnung, wie ich es bezahlen sollte.
Der Malerin jedoch gefiel der impulsive Kauf.
Da schaute ich sie mir erstmalig an.
Da gefiel mir die Malerin.

Aus der Heiterkeit im benachbarten Zimmer waren fordernde Rufe zu hören, auch die Klage, dass es keinen Wein und keine Zigaretten mehr gebe.

Da gingen wir alle in eine Kneipe.

Sarah Schumann. 1982

Zufälle

Was ist mir an diesem Tag zugefallen?
Ich glaube nicht, dass unsere erste Begegnung die Folge einer gütigen Vorhersehung, einer schicksalhaften Notwendigkeit war. Sie war ein Zufall. Zunächst nichts weiter. Und doch: Sie war die Keimzelle für das Wachstum einer Liebe. Hätte eine weise Fee mir damals, oder in den ersten folgenden Jahren, prophezeit, dass aus diesem Zufall ein großes Glück werden würde, ich wäre aus dem Staunen nicht herausgekommen. Vielleicht hätte ich sie sogar ausgelacht.

Jetzt. Ein Zufall. Drollig nur. Heute, den 6.1.2015, vierzig Jahre später. Ich hatte diese vorhergehende Erinnerung an den glücklichen Zufall gerade niedergeschrieben, da erhalte ich einen Brief von einer Redakteurin der Zeitschrift »Ästhetik & Kommunikation«, ebenjener Zeitschrift, in deren Redaktion ich damals arbeitete. Ich wusste nicht, dass sie noch existiert. Ich hatte ewig nichts mehr von ihr gehört. (Das aber kann an einer mangelnden Aufmerksamkeit liegen.) Jetzt werde ich um einen Artikel gebeten. Am Ende des Briefes schreibt die Redakteurin, ihre Geschäftsführerin habe gesagt, dass schon einmal etwas aus meiner Feder in der Zeitschrift erschienen sei.

Donnerwetter: Die Zeitschrift hat jetzt eine Geschäftsführerin. Und dann schreibt die Redakteurin noch, dass sie leider kein Honorar zahlen könne. Daran hat sich offensichtlich nichts geändert.

September 1976 erschien das Heft, für dessen Vorbereitung ich im vorangegangenen Winter nach Berlin gefahren war.

Ich erinnere mich, dass ich die Arbeit an einem eigenen Beitrag für dieses Heft immer wieder aufschieben musste. Kurz vor Redaktionsschluss saß ich in Berlin vor Sarahs alter Schreibmaschine und tippte notgedrungen etwas hektisch meine Überlegungen nieder zu der Frage, ob es sinnvoll sein könne, von einer »weiblichen Ästhetik« zu sprechen. Hätte ich geahnt, dass diesem Text eine erhöhte Aufmerksamkeit zukommen, dass er sogar in anderen Sprachen publiziert werden würde, hätte ich etwas mehr Sorgfalt erzwungen.
Das weiß ich noch: Auf Sarahs Schreibmaschine funktionierte das »L« nicht.

Jetzt: Ich würde mir gern das Heft noch einmal ansehen, bin aber zu schlapp, um nachzuforschen, ob ein Exemplar in meinen Regalen überdauert hat.
Sarah entdeckt eines in ihren Unterlagen.

Auf dem Titelblatt eine Collage von Sarah Schumann. In deren Zentrum ist die Schriftstellerin George Sand zu erkennen. Iris Wagner hatte einen schönen Beitrag zu Sarahs Arbeiten verfasst.

Tohuwabohu

Und auch das »Ausstellungsprojekt«, das Sarah zur gleichen Zeit mit sechs Mitstreiterinnen erarbeitete, trieb seiner Verwirklichung zu. Die Frauen hatten dieses Vorhaben (Künstlerinnen – International 1877–1977) bei der Neuen Gesellschaft für bildende Kunst beantragt und im zweiten Anlauf durchgesetzt, obwohl keine von ihnen einschlägige Erfahrungen auf diesem Gebiet hatte. Keine von ihnen hatte je eine Ausstellung kuratiert. Keine von ihnen hatte sich zuvor mit Fragen des Kunsttransports oder der Kunstversicherung oder der Hängung in dieser Größenordnung herumgeschlagen. Keine von ihnen war versiert im Umgang mit Museumsdirektoren, Galeristen, privaten Leihgebern.

Aber sie brannten für das, was sie vorhatten, und sie waren überzeugend. Wertvolle Exponate wurden ihnen von renommierten Häusern zugesichert, darunter das »National Victoria and Albert Museum« in London, das »Museum of Modern Art« in New York, das »Centre national d'art et de culture Georges Pompidou« in Paris, das »Moderna Museet« in Stockholm und die Kunsthalle Zürich. Künstlerinnen, die sie direkt kontaktierten, überließen vielfach großzügig Leihgaben. Ich erinnere mich, dass Sarah Meret

Oppenheim in Paris besuchte, die sofort bereit war, sich zu beteiligen. Sie schenkte Sarah überdies ein kleines Objekt.

Die Frauen in dieser Gruppe waren leidenschaftliche Dilettantinnen. Im Wortsinn. Liebhaberinnen ihrer Sache. Als ich zum ersten Mal die Liste der dort gezeigten Exponate studierte, war ich erstaunt über die Fülle und die Qualität der Leihgaben. Einhundertzweiundachtzig Künstlerinnen waren vertreten, darunter große Namen, die auch mir, einer kunstgeschichtlichen Laiin, geläufig waren. Und ich machte Entdeckungen. Zum ersten Mal sah ich im Original Arbeiten von Georgia O`Keeffe, Diane Arbus, Sonia Delaunay, Frida Kahlo, Maria Lassnig oder Louise Bourgeois (um nur einige, die mir damals besonders auffielen, zu nennen. Die Kunst von Kahlo und Bourgeois war zu dieser Zeit allenfalls einigen Insidern bekannt). Auch die Avantgarde der Video- und Aktionskünstlerinnen war vertreten.

Sarah zeigte mir den programmatischen Artikel, den die Gruppe für den Katalog verfasst hatte. Er war angenehm undogmatisch: Schlichte, unwiderlegbare Feststellungen wie die, dass die Künstlerinnen in den großen Ausstellungen vielfach unterrepräsentiert seien, dass es darum gehen müsse, einige besser oder erstmalig ins Licht zu rücken …

Die Autorinnen zeigten sogar Verständnis für die Furcht einiger Künstlerinnen vor einer feministischen Vereinnahmung.

Dann die Eröffnung in Schloss Charlottenburg. Sie war umtost von heftigen Protesten. Ein einziges Tohuwabohu. Eine Vokabel, die mir in der Erinnerung an diesen Tag immer in den Sinn kommt, obwohl sie eigentlich nicht angemessen ist, denn von »wüst und leer« konnte die Rede nicht sein. Nur von wüst.

Wutschäumende Proteste. Das Ausmaß dieser Wut verstehe ich bis heute nicht.

Ich habe das misogyne Schmähgebrüll noch im Ohr ebenso wie das der schrillen Fundamentalfeministinnen. Die einen verkündeten ein weiteres Mal, dass Frauen nach Maßgabe ihrer natürlichen Ausstattung und ihrer sozialen Bestimmung zur Kunst weder befähigt noch berechtigt seien, die anderen, dass ausnahmslos alle Frauen Künstlerinnen seien und dass daher in jedwedem Auswahlverfahren eine frauenfeindliche Frechheit zu sehen sei. Um dem Nachdruck zu verleihen, hängten sie blutige Tampons zwischen die Bilder.

Diese oder jene Gruppe, der die Ausstellung missfiel, stahl das Briefpapier der NGBK und lancierte verrückte Meldungen im Namen der Veranstalterinnen an die Presse. Zur Eröffnung erschien das Fernsehen, und Ausschnitte des Tumults kamen, wie man mir erzählte, in die Tagesschau.

Irgendwie wurde ich in diese Turbulenz hineingezogen. Irgendwie? Ich erinnere mich nicht genau. Vermutlich wandte ich mich in impulsiver Solidarität lautstark gegen den anbrandenden Protestschwachsinn, dem die etwas verschreckte Frauengruppe plötzlich ausgesetzt war. Mag sein. Aber ein anderes Motiv war – wohl möglich – stärker: Ich wollte Sarah gefallen.

So avancierte ich unversehens und ungefragt zu einer Art Pressesprecherin und saß bald schon auf vielen Podien.

Jahrzehnte später habe ich Sarah einmal gefragt, ob es sie traurig mache, dass es keine Rückbesinnung auf diese Ausstellung mehr gebe, nicht einmal seitens der Feministinnen. Immerhin sei das doch in Europa die erste dieser Art gewesen.

Nein, hat sie gesagt, für sie selbst sei das nicht mehr wichtig, und schließlich habe diese Art des Vergessens ja eine große Tradition.

Aber dann hat sich die Künstlerin Michaela Melián im Jahr 2012 doch erinnert und eine siebzigminütige Audiospur und ein Tableau vivant erarbeitet.

2 x die Wahrheit

Ich habe mich nicht eine Minute mit Sarah gelangweilt. Ich hätte die gesundheitlichen Zumutungen der letzten vierzig Jahre nicht durchgestanden, wenn Sarah nicht gewesen wäre.

Bild Erstbegegnung

Das erste Bild von Sarahs Hand, das ich genauer betrachtete, war eine großformatige Collage, ein Bild aus dem Jahr 1975. Im Fokus dieser Arbeit, nahezu lebensgroß, eine schöne, sitzende Frau. (Eine Freundin der Malerin, wie ich später erfuhr.) Ich konnte erkennen, dass es sich um eine Fotografie handelte, die in das Bildganze eingearbeitet oder für die das Bildganze geschaffen worden war. Hinter dieser Gestalt eröffnete sich dem Blick eine weite, weitgehend gemalte Landschaft, Felsen, Bäume und auch Tiere waren, perspektivisch verkleinert, in eine wundersame Ferne gerückt. Der Schein einer Welt im Frieden. Darüber: ein gewölbter, farblich unendlich nuancierter Himmel. Die Assoziation mit den Werken der Renaissance war zweifellos gewollt. An vielen Stellen der Fotografie hatte sich die Malerei in die Frauengestalt hineingearbeitet. Die Form, in der das rote Haar der Schönen in diese arkadische Umgebung flammte und mit anderen Farbexplosionen korrespondierte, dramatisierte das Bildgeschehen und schuf eine Verstörung.

Etwas später noch las ich in einem Text, den der Kunsthistoriker Peter Gorsen zu den Arbeiten aus dieser Zeit

schrieb, dass es in Sarah Schumanns Bildern »... neben dem manchmal fast stoischen Pathos im Figürlichen eine positive Einstellung zum konvulsisch Schönen der aufgewühlten Seele« gebe.
(Diese erregt-erregende Theorievolte hat mir gefallen.)

Bei den vielfältigen Details, die die Figur umgaben, war nicht immer auszumachen, ob es sich um gemalte oder fotografierte Formationen handelte.
Selbstverständlich kannte ich zu dieser Zeit schon artistische Phänomene wie Collage, Montage, Assemblage – Formen und Techniken, die nicht zuletzt der Surrealismus ästhetisch nobilitiert hat. Hier lag mein Erstaunen nicht. Auch nicht darin, dass die Frau auf dem Bild vier Arme und Hände hatte und die Betrachter – also mich in diesem Fall – herausfordernd streng fixierte, was in einem Kontrast stand zur Lieblichkeit der Landschaft im Hintergrund.
Auffällig und ungewöhnlich war, dass eine stolze Frau zur schönen Wirkung gebracht wurde, gab es doch nach der Achtundsechziger-Revolte und mit dem Erstarken eines Vulgärfeminismus die unausgesprochene Verabredung, dass weibliche Schönheit allenfalls in Hollywood noch sein dürfe.
Aber wahrhaft erstaunlich war die Opulenz, die überwältigende Farbigkeit des Bildes. Ich weiß noch, dass ich für einen kurzen Moment – bevor ich der Bildmacht verfiel – überlegte, ob ich das gut finden dürfe.
Eine unrühmlich spießige Reaktion, die ich selbst heute nur noch verstehen kann, wenn ich mir ein unausgesprochenes kunsttheoretisches Avantgarde-Dogma dieser Zeit

in Erinnerung rufe. Das Dogma der Verkargung. Ich erinnere mich, dass ein Journalist beim Anblick einer Materialcollage Sarah Schumanns ausrief: »… und nie verwendet sie Packpapier!« Er hätte auch Fett oder Filz sagen können.

Als ich dieses Bild erstmalig betrachtete, wusste ich nicht, dass es zu einem Zyklus gehörte, mit dem sie ihre Freundinnen ehrte, und ich konnte nicht ahnen, dass auch ich zum Modell für ein Werk dieser Art werden sollte.
Das Bild hat meine Mutter – später, viel später – gekauft, und es hängt seitdem über meiner Arbeitsliege.

1978 drehte Harun Farocki einen Film über ihre Arbeit an einem der Bilder aus diesem Zyklus.

Die verpatzte Einweihung

Ja, das war lange beschlossen: Im Alter wollen wir uns eine gemeinsame Unterkunft gönnen.
Winter 1999. Ein Anruf von Sarah. Sie wolle sich eine andere Wohnung in Berlin suchen. Der vierte Stock. Die Schlepperei der Bilder und Einkäufe werde ihr zu schwer.
Jetzt, so sprach sie, *jetzt, ist die Zeit gekommen. Jetzt musst du dir überlegen, ob du mit mir leben willst. Dies wird sicher mein letzter Umzug sein.*
Januar 2000. Ich fuhr nach Berlin. Wir fanden eine Wohnung, die uns gefiel.
Während mir unerwartet in Frankfurt nochmals eine Art Beruf zufiel, der mir jede Freiheit ließ und den ich liebte, zog 2001 Sarah bereits in die neue Behausung. Ich wollte noch auf eine unbestimmte Zeit in der Nähe der Freunde bleiben, die jetzt mit mir arbeiteten.
Im November 2002 fuhr ich nach Berlin. Es war geplant, dass mein Besuch bei Sarah bis ins neue Jahr reichen würde. Freundinnen begleiteten mich in Frankfurt zum Bahnhof. Im Januar wollten wir uns dort wieder begrüßen. Ich freute mich auf Sarah und aufs Probewohnen.
Dann strandete ich. Ich strandete hinein in unser neues Leben.

Am zweiten Tag schon ereilte mich ein schwerer Krankheitsschub.
Ein halbes Jahr lag ich flach, zu nichts mehr tauglich. Sarah war verzweifelt. Auch als es mir wieder besserging, war an eine Rückreise nicht zu denken. Erst allmählich war ich bereit, einzusehen, dass ich mein eigenständiges Frankfurter Leben nicht mehr bewältigen konnte.
So blieb ich in Berlin.
So nahm mich Sarah auf.
So kam meine schwerste Zeit. (Krankheit)
So kam meine glücklichste Zeit. (Sarah)

Malheur

Einmal fragte ich Sarah, welche ihrer Erinnerungen am weitesten in die Vergangenheit reiche.
Sie erinnert sich daran, wie sie als Kleinkind einmal von ihrem Vater auf einen Nachttopf gesetzt worden war, offensichtlich etwas unachtsam, denn die hintere Partie ihres Nachthemdchens hatte in den Urin gelappt. Ihr Vater hatte dann eine Schere geholt und die nassen Teile kurzerhand abgeschnitten.
Vielleicht aber hat man ihr das auch nur erzählt.

Lob der Unschärfe III

Was war es, das uns immer wieder zueinandertrieb? Wir haben uns das nicht rückblickend erzählt. Wir haben nicht versucht, die Anfänge zu ergründen. Oder uns auf eine Ursprungslegende zu verpflichten.

Wie gesagt: Wir haben uns niemals etwas versprochen, keine Schwüre, keine Beteuerungen, nicht einmal eine vage Vereinbarung. Wir haben uns keine Fragen dieser Art gestellt, wir haben das nicht geklärt, wir haben es nicht einmal benannt.

Ganz gegenläufig zu dieser Schwebe gab es Sarahs eherne Verlässlichkeit. Ihre Hilfe in all meinen gesundheitlichen Nöten, ihre spürbare, aber geschmackvoll verkleidete Sorge.

Sie machte mein Leben schöner und leichter.

Ein Detail: Während eines längeren Krankenhausaufenthaltes nach meiner ersten Krebsoperation – ich war sehr matt, weil ich viel Blut verloren hatte – übernahm sie pflegerische Aufgaben. Wenn sie mir die Füße wusch, tat sie mir absichtlich ein wenig weh. Nur ein wenig. Sie ironisierte ihre Nightingale-Rolle und gab mir die Möglichkeit zu einem selbstbewussten Protest.

Ist das Vordringen in eine Intensivstation nicht mehr als ein Schwur?

Zu Beginn war ein Nebel. Er hätte uns schlucken können. So wie in den alten Schwarzweißfilmen immer mal jemand in einen grauen Nebel hineingeht und sich langsam darin auflöst. Meist in Alleen.

Ich bemühe mich redlich, meinem Gedächtnis Bilder und Eindrücke aus der ersten Zeit unserer Bekanntschaft abzuringen.

Es gab eine Sympathie für mich, kein Zweifel, es gab Anrufe, wenn ich schon nicht mehr mit ihnen rechnete. Es wäre anfänglich leicht gewesen für sie, mich unauffällig zu löschen aus dem Register derer, die sie näher kennen wollte. Wenn sie sich über größere Zeiträume nicht meldete, dachte ich zuweilen (daran kann ich mich deutlich erinnern), dass sich dieses Wechselspiel von Anziehung und Irritation vielleicht auch erledigt haben könnte. War ich sehr traurig bei diesem Gedanken? Ich weiß es nicht mehr. Keinesfalls wollte ich mich aufdrängen. Aber dann – ich rechnete schon nicht mehr damit – meldete sie sich doch wieder, sie bat um meinen Besuch.

Aber es gab zweifellos Einwände auch ihrerseits. Ich war ihr wohl ebenso fremd. Denn einmal hörte ich (die Äußerung war nicht für meine Ohren bestimmt), wie sie zu einer anderen sprach von einer überkandidelten Intellektuellen, die ihr da gewissermaßen zugelaufen sei. Empörend! Ich muss doch schon sehr bitten. Als hätte ich es nötig, eine Künstlerin mit eruptivem Charakter von meinen Vorzügen zu überzeugen.

Die Empörung warf einen langen Schatten. Heute finde ich das komisch.

Wann habe ich mir eingestanden, dass ich Sarah Schumann liebe? Ich weiß es nicht mehr.

Zeitbrücke

Es gibt luftige Zeitbrücken, errichtet aus erzählter Erinnerung. Ein Transport von Klängen, Bildern, Gerüchen aus versunkener Zeit für die Nachgeborenen. Wir empfinden solche Berührungen mit dem Gewesenen oft in den Künsten, in allen Künsten, zuweilen aber entstehen diese Zeitüberwindungen auch ganz absichtslos im Alltagsgeschehen, meist unwissentlich. So dringen mal zarte, mal derbe Aromen vergangener Tage ins Gegenwärtige.

Wenn meine Mutter (Jahrgang 1904) spülte oder abtrocknete, sang sie nicht Arien oder gehobenes Liedgut (das war besonderen Gelegenheiten vorbehalten), sondern die Couplets ihrer Jugend. Offensichtlich schien ihr das angemessen für den beiläufigen Gesang.

Oft sprach sie von den großen Sängern, die sich damals in den Opernhäusern und Konzertsälen verbeugt hatten. Manchmal und gern sprach sie auch von den Diseusen und Schauspielerinnen, die ihre Jugend begleiteten. Nannte Namen und Filme. Henny Porten, Asta Nielsen, Elisabeth Bergner. Obgleich ich noch Kind war, erzählte sie ihre Erinnerungen so, wie sie sie auch einem Erwachsenen erzählt hätte.

Als ich geboren wurde, war meine Mutter schon dreiundvierzig Jahre alt. Das wirkte zur damaligen Zeit ein wenig so, als wäre eine Generation übersprungen worden. Daher waren mir in meiner Kindheit und Jugend Namen, Daten, Bilder und Textteile geläufig, die untypisch für meine Generation waren. Fritzi Massary (»Joseph, ach Joseph, wie bist du so keusch, das Küssen macht fürwahr doch kein Geräusch«, das habe ich behalten, weil ich es als Kind maßlos komisch fand), Blandine Ebinger, Friedrich Hollaender, Walter Mehring und viele mehr und vieles mehr. Das alles schwirrte in meinem Gedächtnis, und manches siedelt dort bis heute. Ein Transport über die Generationen. Die Couplets der zwanziger Jahre. Die prunkvollen Kaleschen der Adligen, die sah sie als Kind, wenn sie eine Tante in Baden-Baden besuchte.

Der deutsche Kaiser zu Pferd. Wo hat sie ihn gesehen? Ist er einmal durch Köln geritten? Der Geschmack der Vorkriegszeit.

Arme Leute. Damals, als meine Mutter in jungen Jahren die Hungernden der Weimarer Republik gesehen hat, konnte sie nicht ahnen, dass ein zweiter Krieg in seinen Folgen sie selbst in diesen Zustand bringen sollte.

Raumbrücke

Einige Male ist Sarah zu den Zeiten, da unsere Freundschaft schon inniger geworden war, für Wochen, in einem Fall für ein Vierteljahr, verreist. Solange ich sie in Berlin wusste und wir häufig und regelmäßig telefonierten, war trotz der räumlichen Entfernung unser jeweiliger Alltag mit uns. Ich konnte mir vorstellen, wie sie mit übereinandergeschlagenen Beinen etwas verdreht an ihrem Arbeitstisch saß, während sie mit mir telefonierte. Ich kannte ihre Gewohnheiten, ich kannte ihre Freunde, ich kannte die Läden, in denen sie in Berlin einkaufte. Wir konnten über die vielen Kilometer hinweg an so etwas wie eine indirekte Teilhabe glauben. Sicher gab es delikate Aussparungen – meinerseits – ihrerseits – in den jeweiligen Berichten von den Tagesabläufen, aber das beunruhigte mich nicht. Ich hatte kein detektivisches Interesse. Man war so auf dem Laufenden, im Großen und Ganzen.
Dann aber, wenn sie sich lange in anderen Ländern, auf anderen Kontinenten aufhielt, wurde ihre Abwesenheit schmerzhaft.
Ich glaube, es ging ihr auch so, die Zärtlichkeit in ihren Briefen sprach dafür.

Stammtische

Sarah kannte auch meine Gewohnheiten, meine Freunde, einige Kollegen.

Mit fünf dieser Kollegen (die Kerntruppe: außer mir vier Männer, eine Frau) traf ich mich jeden Dienstag nach der Arbeit in einer Kneipe namens »Bierfaß«. Ein Stammtisch. Ich hätte mir zuvor nicht träumen lassen, dass ich einmal über Jahre zu einem Stammtisch gehören könnte. Wir spielten im Hinterzimmer dieses Etablissements ein oder zwei Stunden Billard, danach aßen und tranken wir. Und wir unterhielten uns. Über Bücher, über Filme, über Politik, über uns, über die Welt. Das war intelligent und freundlich und auch witzig. Es wurde viel gelacht. Nie war es plump, nie war es indiskret. Es war frei von Angeberei und Konkurrenz, der jeweilige Status im universitären Gefüge spielte keine Rolle. Jedem wurde das Seine gegönnt. Ich erinnere mich gerne daran. Besucher wurden geduldet. Auch Sarah nahm einige Male teil, wenn sie in Frankfurt war. Es hat ihr gut gefallen. Später kam meine Freundin Eva Maek-Gérard oft hinzu.

Als es diesen Stammtisch nicht mehr gab, traf ich mich dienstags mit ihr in einem Restaurant, und wir erzählten unsere Wochenerlebnisse. Auch hier waren besondere

Gäste erlaubt. Sonntags war ich bei meinem Freund Walter Boehlich zum Essen eingeladen. Er kochte hervorragend. Gäste waren nicht geduldet.

All dies und vieles mehr wusste Sarah, und sie konnte es sich bildhaft vorstellen.

In der Ferne

1982 reiste Sarah auf Einladung des Goethe-Instituts nach Indien. Für drei Monate. Ich erinnere mich an die Freude, wenn ich den Briefkasten öffnete und auf dem dünnen blauen Luftpostumschlag ihre Schrift erkannte. Ja, ich erinnere mich an mein Warten auf ihre Briefe aus Indien, aus Afrika, aus den USA, aus Russland, aus Italien, aus Frankreich.

Naherwartung

Ich kenne es nicht, das Fernweh. Ich bin neugierig, aber es zog mich nicht auf die fernen Kontinente. Während meiner Jahre an der Universität erhielt ich mehrfach Einladungen zu Vorträgen oder Symposien in den USA. Jedesmal wenn ich zögerlich bereit war, ihnen eventuell zu folgen, wurde ich durch Unfälle oder gesundheitliche Katastrophen daran gehindert. Meine Mutter erkrankte an Leukämie, ich selber kam begleitet von Sirene und Blaulicht in eine Klinik … (drunter ging's nicht). Ich glaube nicht an die Macht des Schicksals, aber es schien doch so, als sollte es nicht sein.

Vielleicht war ein Trotz im Spiel, als ich schließlich beschloss, dass ich die Einzige unter all meinen Bekannten sein wollte, die Europa nicht verlassen würde. Und so war es.

Das bedauere ich nicht, aber ich bedauere, viele Städte und Landschaften in Europa nicht gesehen zu haben. Ich suchte nicht das ganz Fremde, mich interessierte das Fremdartige, aber für mich kulturell noch Vergleichbare. (Man mag einen Mangel an interkontinental erweiterter Bildung darin sehen.)

Und hatte ich mich nicht einmal in die Behauptung verstiegen, dass nur aus der Perspektive einer offensiven Provinzialität noch ein Überblick zu gewinnen sei?

Na ja. Das überzeugt nicht einmal mich selbst so ganz.

Biographische Verwahrlosung

Ja, Sarahs Schrift auf den Briefen aus der Ferne. Ich habe sie alle aufgehoben. Einzig *ihre* Briefe habe ich aufbewahrt »irgendwo«. Beim letzten Umzug nach Berlin – ein Umzug, den meine Freundinnen Ulrike Schiedermair und Friedel Gerdenitsch für mich bewerkstelligen mussten, weil ich dazu nicht mehr in der Lage war – kamen sie sicher verwahrt in einem Karton oder einer Schatulle hierher, aber ich habe nicht mehr die Kraft, im Keller gründlich nach ihnen zu suchen. Und dann denke ich: Warum soll es um die Auffindbarkeit von Dokumenten besser bestellt sein als um die Informationen, die im Keller meiner Erinnerung unwiederbringlich modern. Hier wie dort: Beliebigkeit und Lücken. Die Erinnerung ist ein Spuk.

Einen Brief von Sarah aus der Ferne hat mir kürzlich der Zufall in die Hände gespielt. Er hatte sich vor Jahrzehnten verirrt in einem Buch, das ich in dieser Zeit las. (Hans Henny Jahnn, »Fluß ohne Ufer«. Ich leitete damals zusammen mit Jörg Bong eine universitäre Veranstaltung zum Werk dieses Schriftstellers.)

Schriftwechsel

Sarah hört häufig Komplimente zu ihrer Handschrift. Sie hat diese Schrift bewusst erschaffen, richtiggehend komponiert. Eine Künstlerschrift.

Einst – wir kannten uns noch nicht lange –, als ich ihre Schrift bewunderte, sagte sie, dass sie deren Gestalt Buchstabe für Buchstabe entworfen und dann eingeübt habe.

Da fiel mir ein, dass auch ich – etwa im Alter von dreizehn Jahren – eine Schrifterneuerung vollzogen hatte. Aber nicht, wie Sarah es tat, unter der Maßgabe von Originalität und graphischer Schönheit. Mein Motiv war schlichter. Eine Deutschlehrerin, die ich mochte, hatte eine Schrift, die mir gefiel. Ich fand sie lässig (wie man damals jugendlich sagte). Ich übte sie diszipliniert ein, und sie wurde zur andressierten Gewohnheit. Ich erzwang auch eine steilere Stellung der Zeichen. Lange Zeit wies meine Schrift diese erbeuteten Merkmale auf. Irgendwann, nach Jahrzehnten, ich hatte den Diebstahl der Buchstabenoptik längst vergessen, betrachtete ich einen von mir verfassten handschriftlichen Brief und stellte fest, dass meine Schrift sich gewissermaßen unter der Hand der meines Vaters angeglichen hatte. Sie hatte sich auch wieder geneigt. (Das fand

ich unheimlich.) Nur das kleingeschriebene »d« stammte noch von der Lehrerin.
Jetzt verweigert meine Hand die feinmotorische Schreibartistik.

Ich liebe Sarahs Handschrift.
Ich höre, dass die Kinder vielfach die Schreibschrift nicht mehr erlernen.
Das finde ich traurig.

Schildkrötenhals

Auszug aus einem Brief, den Sarah mir im Jahr 1985 aus Kenia schrieb. (Der Zufallsfund.)

»... heute morgen bin ich um halb sieben aufgestanden. Der Mount Kenia ragte blutrot in den Himmel. Für etwa zehn Sekunden. Bis ich einen Film eingelegt hatte, war alles vorbei.

Am Äquator habe ich mich fotografieren lassen mit einem alten Mann, der das gerne wollte. Er hatte einen großen Wedel in der Hand. Der war gebaut aus Abfällen. Er trug viele Ringe an seinen Fingern. Die waren geformt aus Draht und Plastik.

Die Bäume am Fuß des Mount Kenia waren dicht bedeckt von weißen und aquamarinblauen Vögeln. Kleine und große.

Gestern sah ich eine sehr große Schildkröte. Circa ein Meter fünfzig. Hundert Jahre soll sie alt sein. Ich habe mich neben sie gesetzt und von Dir erzählt. Und sie hat den Kopf weit herausgestreckt, und ich habe ihren Hals gestreichelt, und sie hat geblinzelt. Die Haut war ledrig. Ein kleiner Halm hing aus ihrem Maul.

Später sah ich an einem staubigen Straßenrand einen Jungen stehen. Neben ihm eine halb so große Schildkröte. Die wollte er verkaufen. Traurig.

Der Workshop war anstrengend. Das erzähle ich, wenn ich wieder bei Dir bin …«

Hochzeitsverwechslung

Sarah erinnert sich an die Hochzeit ihrer Mutter mit dem Oberbürgermeister zu Beginn des Zweiten Weltkriegs.
Sarah erzählt:
Ich bin fünf oder sechs Jahre alt. Die Hochzeit fand in Stralsund statt. In einem Hotel. An die Hochzeit selbst, an die Zeremonie, an die anschließende Feier kann ich mich nicht erinnern. Wohl aber an eine gewaltige Enttäuschung.
Ich komme in das Hotelzimmer und sehe ausgebreitet auf dem Bett ein wunderschönes Kleid liegen, eine Traumrobe, eine textile Pracht, wie nicht von dieser Welt. Ich stelle mir sofort meine schöne Mutter darin vor.
Mehr noch: Ich stelle mir vor, dass dies der erste Vorschein jener Pracht ist, die unser ganzes künftiges Leben einkleiden würde.

»Das war das Hochzeitskleid deiner Mutter?«
Nein, es war das falsche Zimmer.

Windungen

Sagen wir ’68. Ich erinnere mich an die herausragende Rolle, die dieser oder jener damals in den Revoltekreisen spielte. Jetzt werde ich bei einigen, die zu Prominenz gelangten, Zeugin ihrer lebensgeschichtlichen Umdeutungen. Eigentlich wären sie so recht gar nicht dabei gewesen, allenfalls als teilnehmende Beobachter. Das habe ich etwas anders in Erinnerung. Aber es spielt keine Rolle mehr. Ich frage mich jedoch, warum sie sich in ihren letzten Jahren derart bemühen und verrenken.

Weil sie noch einmal die alten Knochen im neuen Zeitklima wärmen wollen? Aber vielleicht ändert sich das Klima bald wieder. Schon mal daran gedacht? An die vielen unterschiedlichen Beleuchtungen, in die zurückliegende Ereignisse historiographisch geraten sind?

Wahrscheinlich aber geht es vornehmlich um die bald fälligen Nachrufe ihrer selbst, an denen sie vorgreifend ein wenig mitschreiben wollen.

Jetzt suggerieren sie der Öffentlichkeit nochmals die eigene Rolle, damit da nichts Peinliches in die Erinnerungsschriften kommt. An wessen Pein ist da gedacht? Sie glauben nicht an ihre Sterblichkeit. Sie wissen darum, aber sie glauben nicht daran. Da sie nicht ernsthaft an ihre

Sterblichkeit glauben, basteln sie leidenschaftlich an dem Ereignis (Erlebnis?) ihres Nachruhms. Vorlasse, Nachlasse. Vorlaufen. Nachlaufen.

Der »Nachruhm«, was für ein denkwürdiges Wort das doch ist.

Sie ondulieren ihre Vorlasse, sie frisieren ihre Nachlasse ins Zeitkonforme.

Germanistenfutter.

Windungen II

Sagen wir 1968. Wo war Sarah zu diesem Zeitpunkt? Ich weiß es: in Berlin. Durch einen Zufall habe ich das vor zwanzig Jahren erfahren.

Irgendwann (eine, die mit einem so unpräzisen Gedächtnis ausgestattet ist und nie ein Tagebuch führte, sollte keine Erinnerungen niederschreiben) in den achtziger Jahren waren wir zur Zeit der Buchmesse eingeladen zu einem alljährlichen Fest in der Wohnung einer befreundeten Buchhändlerin. Melusine Huss. Die übliche Besetzung: zahlreiche Literaten, wenige Literatinnen; viele Kritiker, kaum eine Kritikerin; etliche Professoren, keine Professorin; ein paar Lektoren, auch diese und jene Lektorin, und mehrerlei Damen ohne professionelle Buchnähe.

Ich saß mit Sarah und meinem Freund Walter Boehlich an einem kleinen Tisch. Wir unterhielten uns. Ein bekannter Kritiker, der in unserer Nähe saß, fuhr hoch und begann gezielt, Sarah zu beschimpfen. Von diesem linksradikalen Zeug, das sie da von sich gebe, habe er die Nase voll. Sarah hatte nichts gesagt, was auch nur im Geringsten in diese Richtung wies. Es stellte sich heraus, er hatte sie akustisch missverstanden oder missverstehen wollen. Als wir nach Hause fuhren, sagte ich, dass ich diesen Herrn bei früherer

Gelegenheit immer als freundlich und friedfertig wahrgenommen habe. Sarah sagte, dass sie ebendiesem Herrn auch schon einmal begegnet sei. Vor etwa zwanzig Jahren. 1968 oder '69. Er habe sie aber nicht wiedererkannt oder nicht wiedererkennen wollen. Sie habe damals mit einem der Wortführer der Studentenbewegung gelebt. (Der Name sagte mir etwas.)
Dort sei eines Tages ein junger Mann erschienen, ebendieser jetzt saturierte Kritiker. Auch damals habe er sie beschimpft. In einer Anstrengung der Radikalitätsüberbietung – wahrscheinlich, um ihrem Freund zu imponieren – habe er ihr nachdrücklich empfohlen, das dekadente künstlerische Tun zu unterlassen, den Pinsel beiseitezulegen und zur revolutionären Tat zu schreiten.

Ich kann ihr eine ähnliche Geschichte erzählen. In den frühen siebziger Jahren saß ich mit meinem damaligen Freund Karl Markus Michel im Café Laumer. Michel war zu dieser Zeit Lektor im Suhrkamp Verlag. Da tauchte auch ein Agitator auf. Ein später bekannt gewordener Schriftsteller. Er brannte für das Gespräch mit Michel. Ich las derweil Zeitung. Nach einiger Zeit richtete er stramm das Wort auch an mich. Was ich denn so täte? Ich sagte wahrheitsgemäß, dass ich studiere. Da schnauzte er mich an. Warum ich denn nicht bei Opel in Rüsselsheim in der Fabrik sei und das Proletariat agitiere.
Ich hatte keine Ahnung, was ich dem Proletariat hätte sagen können.
Dieser Herr ist noch immer mit dem Abschwören beschäftigt.

Manchmal sehe ich im Fernsehen einen, der sich nicht in allem weggewunden hat. Er erinnert mich an eine aufrechte Gestalt in Heinrich Manns Roman »Der Untertan«: an den alten Buck. Ein Achtundvierziger.

Zeitenwirbel II

Sarahs Leben, mein Leben, unser Leben in memoriam, in der Abfolge einzelner Ereignisse schier unendlich, aufs Ganze, ein Wimpernschlag nur.

Jetzt, August 2013

Ich glaube, es war knapp.

Eine Sepsis. Hohes Fieber schon seit einigen Tagen. Ein Antibiotikum, das nicht greift. Mein sich rapide verschlechternder Zustand beunruhigt Sarah.

In ihrer Not ruft sie einen großartigen Neurologen Dr. Axel Segert an. Ich lernte ihn einst in einer Klinik kennen, in der ich regelmäßig Infusionen erhielt. Ich habe mich gern mit ihm unterhalten. Er hat von seinen Kindern erzählt. Wie er das tat, hat mir gefallen. Später hat er mich manchmal besucht. Unvorsichtigerweise gab er mir seine private Telefonnummer. Er arbeitet inzwischen in der Parkklinik Weißensee.

Er sagt zur besorgten Sarah, die meinen Zustand schildert, dass ich sofort in diese Klinik überführt werden solle. (Und rettet mich damit schon zum zweiten Mal.) Ich erinnere mich lückenhaft an eine Horrorfahrt in einem maroden, kaum oder gar nicht gefederten Krankenwagen. Ich darf nicht liegen, ich muss sitzen, weil sich auf dem Transportformular ein Kreuzchen an falscher Stelle befindet. Die beiden Sanitäter haben kein Erbarmen. Bei falschem Kreuz ist nichts zu machen, ich muss sitzen. Aber eigentlich sitze ich nicht, ich hänge vorgebeugt in einem

Gurt, der mich an die steile Rückenlehne fesselt und verhindert, dass ich kopfüber auf den dreckigen Wagenboden kippe. Sarah sitzt mir gegenüber. Manchmal sehe ich sie scharf, manchmal deliriere ich vor mich hin. (Sarah wird mir später erzählen, dass ich streckenweise meine geistige Klarheit verloren hätte.) In mir ist es heiß. Draußen ist es auch heiß. Die Fahrt scheint endlos: ein Stau nach dem anderen auf dem langen Weg von Charlottenburg nach Weißensee.
Ich möchte liegen, ich möchte schlafen.

Jetzt, vierzehn Tage später, habe ich die Sache überstanden. Weitgehend. Ich bin zu Hause. Ich liege matt auf meinem Arbeitsbett.
Sarah unterhält sich im Nebenzimmer mit ihrer Freundin Anne Herold. Durch das satinierte Glas der großen Flügeltür sehe ich ihre Schemen.
Ich kann hören, was sie sagen.

Sarah erzählt:
Über den jüdischen Friedhof Weißensee habe ich vor vielen Jahren eine Bilderfolge erarbeitet. Vom Fenster des Krankenhauszimmers, in dem Silvia jetzt lag, konnte man den Friedhof sehen, allerdings nicht den Teil, mit dem ich mich damals beschäftigt habe, sondern den Teil, auf dem die ›normalen Leute‹ – wie sich Silvias ortsansässige Bettnachbarin ausdrückte – bestattet sind.
Es war die ganze Zeit sehr heiß. Und es ist eine lange Fahrt da raus nach Weißensee. Diese Strecke hätte ich nicht zweimal täglich geschafft. Ich wollte unbedingt so viel wie möglich bei

ihr in der Klinik sein. Da habe ich mich in einem nahe gelegenen Hotel einquartiert. Hotel ›Königin Louise‹.

Sie lacht.

Gehört zu irgendeiner Hotelkette. War aber in Ordnung und nicht so teuer. Nach dem Frühstück ging ich zu Silvia, mittags zurück in mein Hotelzimmer, um mich auszuruhen, und dann wieder in die Klinik, abends retour. Auf diesen Wegen kam ich durch einen staubigen Park, darinnen befand sich ein stinkender Tümpel. Ein Pfuhl. An seinem Ufer stand eine Bank. Dort habe ich immer eine Zigarette geraucht. Habe ich schon gesagt, dass es während der ganzen Zeit unerträglich heiß war?

An den Park grenzt eine riesige Wohnanlage aus der Gründerzeit, roter Backstein, architektonisch gar nicht so übel. Dort, wo sie endet im Vorgarten – ich war schon auf der Straße, die zum Krankenhaus führt –, ragte eine Blume aus der umliegenden spärlichen Bepflanzung. Sie war etwa neunzig Zentimeter hoch, mit glockenförmigen Blüten, die eine Vorahnung ihres baldigen Vergehens gaben und deren Weiß schmutzig wirkte. Als ich genauer hinsah, bemerkte ich, dass sie über und über von schwarzen Läusen befallen waren.

Da war sie wieder, diese Blume! Ihr Anblick versetzte mich schlagartig in meine Kindheit. Schlagartig:

Ich bin noch ein Kind. Gehe aber schon zur Volksschule. Ich bin mutterseelenallein in der Villa meines Stiefvaters, der zu dieser Zeit schon in der Ukraine war. Meine Mutter ist irgendwohin gefahren. Warum hat mich meine Mutter in dem großen Haus so allein gelassen? Ich finde das gut, aber auch ein bisschen gruselig.

Ich stehe im Garten und höre, wie sich jenseits des Gartenzauns zwei Frauen unterhalten. Sie sagen, dass wegen des Tagebaus das Grundwasser immer weiter absacke und dass deshalb in den Gärten nichts mehr so recht wachse und dass selbst die Grashalme traurig und grau aussähen und dass sie das immerwährende kreischende Geräusch von den Baggern nicht mehr ertragen könnten.
Da höre ich es auch. Und ich sehe auch das Grau im Grün. Während ich starr stehe und zuhöre, ruht mein Blick auf einer Blumenrabatte in der Gartenmitte, die mein Stiefvater im hilflosen Versuch einer Annäherung an hochherrschaftliche Gartenkünste angelegt hat. Eine Vergeblichkeit, die die Tristesse steigert. Das kann ich kindersprachlich so noch nicht benennen, aber schon spüren. Aus der Mitte der Rabatte ragt ebendiese Blume. Nicht ganz so hoch ragt sie wie jene, aber auch ihr Weiß ist schmutzig.

Sarah hat dieser Erinnerungsüberfall offensichtlich beeindruckt.
Kaum war ich aus der Klinik entlassen, forschte sie zielstrebig nach dem Namen der Blume – ausgehend von einer Zeichnung, die sie von ihr anfertigte, um sie Sachkundigen vorzulegen.
Die Blume heißt: Yucca filamentosa (Palmlilie).

Wir?

Immer mal gehört man zu »Irgendetwas«. Immer mal wird man in ein »Wir« hineingezogen. Manchmal geschieht es mit uns, oftmals ist man daran nicht ganz unschuldig.

Ich zähle, ob ich will oder nicht, seit längerem zu den Behinderten. Letztes Jahr sah ich im Fernsehen, wie ein Mahnmal eingeweiht wurde. Es soll dem Gedenken an die Behinderten dienen, die von den Nationalsozialisten ermordet wurden.

»Das wurde aber auch Zeit«, sagte eine Freundin, die auch einen Behindertenausweis vorzeigen kann. Achtzig Prozent. Immerhin. Ich fragte sie, wie sie das meine. Sie sagte, dass es ja schon etliche Gedenkstätten gebe, für die ermordeten Juden, die ermordeten Sinti und Roma, auch für die ermordeten Homosexuellen, da sei es doch mehr als angebracht, endlich auch unsereins zu gedenken.

»Unsereins?« Ich überlegte: »Ist da noch jemand hinter uns?«

Die Freundin war erregt, sie überhörte die Ironie.

»Ja«, sagte sie, »die Kommunisten«, aber ihrer sei einst in der DDR sehr gedacht worden.

»Wenn mich etwas ankotzt«, sagte ich, »dann sind es Opferhierarchien. Ich will damit nichts zu tun haben. Ein jedes stirbt seinen oftmals grausamen Tod allein. Das Leid ist nicht erblich.«

Meine Zugehörigkeitsbedürfnisse halten sich in Grenzen. Sarahs auch. Wir waren die längste Zeit unseres Lebens gesellige Einzelgänger.

Ich gehöre zu Sarah, aber wir sind kein »Wir«.

Sarahs Grossvater

Meine Freundin Sarah spricht manchmal von ihrem Großvater. Der war gut zu dem von den Künstlereltern vernachlässigten Kind, das sie einmal war. Der war ein vegetarischer Metzgergehilfe. Der wollte damals, in den zwanziger Jahren, dass seine Tochter, also Sarahs Mutter, das Abitur macht, was sie dann auch machte, und der wollte, dass sie eine Künstlerin wird. Was sie dann auch wurde.
Keine gute, sagt Sarah.

Ich finde es ungewöhnlich, dass dieser Großvater zu dieser Zeit diese Wünsche hatte.

Das war mir aufgefallen: Wenn Sarah diesen Großvater erwähnte, sprach sie liebevoll von ihrem *Opa*.

Ich frage sie: »Wie hast du deinen Großvater wahrgenommen?«

Sarah erzählt:
Ich war vier oder fünf Jahre alt, als meine Eltern von Berlin nach Senftenberg übersiedelten. Da sie nicht wussten, ob sie genügend Aufträge erhalten und somit dort für einen längeren

Zeitraum bleiben würden, lieferten sie mich bei meinem Opa ab.

»Wie lange hast du bei ihm gelebt?«

Ein knappes Jahr, wenn meine Erinnerung nicht trügt. Er wohnte in einem Mietshaus in der Friedrichstraße, in dem Teil, in dem die armen Leute lebten. Ich erinnere mich genau an das enge, dumpfe Treppenhaus. Gestrichen in der Farbe, die mit ›Ochsblut‹ bezeichnet wird. Den Geruch dort werde ich nie vergessen. Ich würde ihn sofort wiedererkennen, aber ich bin ihm später so nicht mehr begegnet. Es roch nach einer unbestimmten Fäulnis, nach modrigem Holz, feuchtem Schmutz, schimmligem Stoff. Eine verbrauchte, stickige Luft. Ein schmieriger Handlauf.

Die Wohnung. Ich erinnere mich eigentlich nur an die Küche und ein größeres dunkles Zimmer. An gleichermaßen dunkle, schwere Möbel. Furchterregend. Es war eng in dieser Wohnung. Mein Opa war ein Sammler. Er sammelte alles. So auch Standuhren. Einige standen, andere lagen, etwa unter dem Sofa. Er konnte nichts wegwerfen und nichts liegen lassen. Jeden Bindfaden, jeden Nagel hob er von der Straße und verwahrte ihn.

Tagsüber, während er bei einem Schlachter arbeitete, trieb ich mich herum.

Mein Opa hatte in irgendeiner Gemeinschaft – noch aus der Zeit der Arbeiterbildungsvereine – Lesen und Schreiben gelernt. Und dass er es nun konnte, begeisterte ihn. Er war wie in einem Rausch. Ein Lesefanatiker. Wo immer es etwas zu lesen gab, ob auf einer Ladentür, auf einem Zeitungsfetzen oder auf einer Tüte, er las es laut vor.

Auf gleicher Etage wohnte eine Familie mit mehreren Kindern. Das größte Kind hieß Elonka. Der Name beeindruckte mich. Elonka war etwas älter als ich. Meistens schikanierte sie mich. Aber einmal war sie doch nett und schenkte mir ein Buch. Ein illustriertes ›Neues Testament‹. Dort fand ich Abbildungen von Engeln, Heiligen und betenden Kindern. Zur Nacht kniete ich vor meinem Bett und dachte mir ein Gebet aus.
Manchmal schaute ich in mein Buch, blätterte um und wähnte mich als Lesende.
Mein alleinerziehender Opa kochte einmal in der Woche Grießbrei in einem großen Topf. Den gekochten Brei goss er in sieben Schüsseln. Die stellte er in der Küche nebeneinander auf die Fensterbank. Dort kühlte der Brei und erhielt allmählich die Festigkeit von Brot. Allabendlich, wenn wir vor unseren Tellern saßen, holte er eine der Schüsseln, stellte sie auf den Tisch, fuhr mit einem großen Messer in den verfestigten Brei, teilte ihn in zwei Hälften, hob sodann eine der Hälften – vorsichtig gehalten zwischen Daumen und Klinge – heraus und legte sie auf meinen Teller.

Sarah demonstriert mir die Handhaltung des Großvaters und den Schwung der siebenfachen Breiausgabe. (Helene Weigel hätte das nicht besser gemacht.)

Das Messer hatte einen Bakelitgriff. Und eine breite Klinge. In dem Spalt zwischen Griff und Klinge hatte sich eine undefinierbare Substanz eingelagert – ich nehme an, sie bestand aus alten Breipartikeln und dem Scheuersand, mit dem die Klinge gesäubert wurde. Am deutlichsten erinnere ich

mich an den demolierten Daumen meines Opas. Der war unförmig zerquetscht worden – wahrscheinlich infolge eines Arbeitsunfalls –, und der Nagel war im Ganzen tiefschwarz geblieben.
Über den Brei goss er Himbeersirup. Die Früchte hatte er im Sommer aus dem Schrebergarten geholt und eingekocht. Ich kann mich an kein anderes Gericht erinnern.

Das schmutzige Geschirr kam nach dem Essen in die Badewanne (die es wunderlicherweise in dieser Wohnung gab) und weichte dort sechs Tage ein. Am siebenten Tag wurde es herausgeholt und gespült.
Wenn meinem Opa ein bisschen Zeit blieb, formte er für mich aus Stanniolpapier (das entnahm er Zigaretten- und Zigarrenschachteln) und aus Streichhölzern kleine Schlösser, Burgen und Türme.
Ich war gern bei meinem Opa.
Ich war frei.
Dann hat mich meine Mutter geholt.

»Was ist aus deinem Großvater geworden?«
Im Krieg fiel eine Bombe auf das Haus. Er wurde mit anderen mittellosen Obdachlosen zusammengepfercht und an unbekanntem Ort notdürftig untergebracht. Dort ist er gestorben.

Sarahs Erzählung von der kleinen Elonka, die sie quälte, als sie bei ihrem Großvater wohnte, hat mich an eine Quälerin in meiner Kindheit erinnert. Ich war etwa vier oder fünf Jahre alt, als wir von München nach Hannover zogen. Im Nebenhaus wohnte ein Geschwisterpaar. Ein Junge und ein Mädchen. Der Junge war in meinem Alter, das Mädchen etwas älter. Ich glaube, sie hieß Elke. Der Junge hatte sich früh gekrümmt unter der Knute dieser Schwester. Eine routinierte Quälerin. Eines Tages schloss sie uns in einer Toilette ein und zwang ihren Bruder, mir seine Geschlechtsteile zu demonstrieren. Ich glaube, mich zu erinnern, dass er darunter etwas litt. Ich glaube mich zu erinnern, dass ich nicht sehr beeindruckt war. Aber ich erinnere mich genau, dass ein anderes ihrer Sado-Spiele mich doch beeindruckte. Zuweilen drängte sie mich fernab von Erwachsenen in eine dunkle Ecke, baute sich vor mir auf und sagte mit grässlichster Stimme: »Ich bin jetzt nicht mehr Elke, ich bin jetzt ein gefährliches Ungeheuer, entsetzlich und allmächtig, ich kann dich zerfleischen mit tödlichen Klauen und messerscharfen Zähnen.«

Sie hatte Talent. Ich wusste, dass nicht stimmte, was sie sagte, ich konnte ja sehen, dass es nicht stimmte, und warum auch sollte sie sich plötzlich verwandeln? Aber ich fürchtete mich gleichwohl ein wenig.

Seitdem weiß ich, dass in gleicher Sache ein dunkles Glauben neben einem klaren Wissen bestehen kann.

Glaubensfragen

Da ist bei allen so ungleichen häuslichen Einflüssen, denen Sarah und ich in unseren so ungleichen frühen Jahren, zu so ungleichen Zeiten ausgesetzt waren, doch eine kleine erzieherische Übereinstimmung. Ihre und auch meine Eltern waren nicht gläubig. Meine Freundin Sarah sagt, dass sie während ihrer Kindheit und Jugend keine Kirche »von innen« gesehen habe.

Erst ihr Interesse an Gemälden, Skulpturen und Architekturen hat sie in späteren Jahren dorthin gebracht.

Ich war als Kind in vielen Kirchen, aber in keinem Gottesdienst. Jeden zweiten Sonntag brachen wir auf, mein Vater, meine Mutter, mein Onkel und ich. Wir fuhren über das Land und besichtigten einen Dom, ein Münster, ein Museum, manchmal auch ein Schloss. Mein Vater versorgte uns mit kunst- und kulturgeschichtlichen Unterweisungen.

Ich will nicht verschweigen, dass ich das als Kind nicht immer vergnüglich fand.

Grob gesagt: Sarahs Eltern waren Heiden, und auch meine Eltern bemerkenswert unfromm. Die Feste und Riten (freitags kein Fleisch, Weihnachtsoratorium, geschmückter Baum, Krippe mit Kind …) hatten Geltung als Bestandteil einer Kulturtradition.

Aber es gab doch in meinem Elternhaus eine Spürbarkeit der Religionen in den familiären Gewohnheiten und Regungen. Das katholische Rheinland und der protestantische Niederrhein.

Wenn meine Eltern abends ihre Musik hörten, saß mein protestantisch getaufter Vater am Schreibtisch, vor ihm die aufgeschlagene Partitur, während meine Mutter, eine abtrünnige Katholikin, es sich auf dem Sofa bequem gemacht hatte. Auf dem Nachttisch meines Vaters stapelten sich rechtwinklig wissenschaftliche Abhandlungen, während auf dem meiner Mutter ein Roman von Daphne du Maurier direkt neben der Prosa von Marcel Proust lagerte.
Diesen Gegensatz der Mentalitäten hätte ich in meiner Kindheit zwar nicht benennen können, aber er teilte sich mir sinnfällig mit.

Als meine Mutter im Krankenhaus ihr Sterben ahnte, sagte sie zu mir »Halt mir die Pfaffen vom Leibe«.

Kürzlich las ich das wunderbare Buch von Kurt Flasch »Warum ich kein Christ bin«, eine kenntnisreiche Kirchenkritik, deren entschieden sanfter Grundton, jenseits jeder Absicht, der Institution möglicherweise gefährlicher werden könnte als manche Hau-drauf-Polemik. In einem Interview sagte er, dass er ungeachtet seiner begründeten Einwände ein »Kulturkatholik« bleibe. Das hat mir gut gefallen.
(Ich werde in diesem meiner Freundin gewidmeten Buch auf keine weiteren Lektüren eingehen, hier aber konnte ich

nicht widerstehen, weil ich diesem Denker so entschieden dankbar bin, hat er mir doch zu Zeiten meiner akademischen Lehr- und Lernjahre über manche mediävistische Verständnisklippe geholfen.)

Inspiration

Ich frage meine liebe Sarah: »Kannst du dich erinnern an deine ersten Eindrücke vom künstlerischen Tun deiner Eltern?«

Sarah überlegt.
Sarah erzählt:

Als ich meinen Opa verlassen musste und von meiner Mutter nach Senftenberg geholt worden war, wohnten meine Eltern vorübergehend in einem engwinkligen Siedlungshaus.
Mein Vater hatte sich mit zwei einheimischen Malern zusammengetan, und sie konnten sich in einer Art Schloss oder Herrenhaus, einem leerstehenden Gebäude, einen großen Atelierraum sichern. Dorthin wurde ich oft von meiner Mutter, wenn sie arbeitete, zur Beaufsichtigung gegeben.
»Wie alt warst du zu dieser Zeit?«
Es muss noch vor meinem sechsten Lebensjahr gewesen sein, denn ich ging noch nicht zur Schule.
Ich sehe mich, wie ich dort in einer Ecke auf dem Boden sitze. Ich wollte mittun, wollte das Gleiche tun, wie die drei Künstler in diesem Raum, wurde aber schnell blamiert.

Zwar hat man mir ein Stück Papier und Bleistifte gegeben, aber mein Papier ist nicht hell und glatt wie das der Maler für ihre Skizzen, nein, es ist nur die graugetönte Rückseite einer vorderseitig beschrifteten Gemüsetüte. Und es ist auch nicht ganz glatt. Das kränkt mich.
Ich darf keinen Radiergummi verwenden. Der Strich muss sitzen! Das sagt mein Vater immer wieder. Der Strich muss sitzen! Ich höre das noch.
Oft befindet sich in der Mitte des Raums eine nackte Frau in wechselnden Posen.
Und oft sprechen die drei Männer über ihre Inspirationen. Dass sie irgendetwas besonders inspiriere. Und wie wichtig die Inspiration sei. Ohne Inspiration sei die Arbeit gar nicht möglich. Die Worte Inspiration und inspirieren tauchen immer wieder auf in den Unterhaltungen, ich merke sie mir, weiß aber nicht genau, was sie bedeuten. Ich denke, dass sie etwas mit der Frau zu tun haben müssten, wegen der merkwürdigen Stimmung im Raum, immer dann, wenn sie anwesend ist; ich komme davon aber wieder ganz ab, weil mein Vater manchmal auch von verfaulten Äpfeln in irgendeiner Schublade spricht, die früher einmal für einen anderen Künstler eine Inspiration gewesen wären.
Es ist verwirrend.

Sarah lacht.
Tatsächlich hat mein Vater in dieser Zeit eine Skulptur, eine lebensgroße Frauenfigur, erschaffen, für die diese Frau Modell gestanden hatte.
Ich erinnere mich an seine Klage über die Mühen, die ihm die Hände seiner Figuren machten. Ich kenne diese Figur.

Er hat sich die Sache etwas erleichtert, über die linke Hand der Frau ist ein Tuch drapiert.

»Kannst du dich an die Arbeit deiner Mutter erinnern?«
Meine Mutter hatte Arbeit bekommen im Tierpark von Senftenberg. Wahrscheinlich hatte der Bürgermeister, den sie später geheiratet hat, ihr diesen Auftrag vermittelt.
Sie gestaltete das Relief der Hinweisschilder. So war zum Beispiel auf dem Wegweiser zum Affenhaus neben der Schrift ein kleiner Schimpanse abgebildet.
Oft nahm sie mich mit zu ihrer Arbeit. Ich lungerte dann in diesem Zoo herum. Merkwürdig: Ich kann mich an kein Tier erinnern. Aber daran kann ich mich genau erinnern: Auf dem Gelände gab es einen Schuppen ohne Tür. Darin wärmten sich Russen an einem eisernen Ofen. Kriegsgefangene. So sagte man. Große Kerle. Vielleicht vier oder fünf. Sie standen dicht um den Ofen. Auf dem Ofen befand sich eine eiserne Platte. Darauf rösteten sie ohne Fett in Scheiben geschnittene Steckrüben. Ich lief oft dorthin und beobachtete sie von draußen. Sie winkten mir zu, dass ich hereinkommen solle. Aber ich fürchtete mich. Einmal gaben sie mir eine Steckrübenscheibe. Ich nahm sie und lief davon.

»Hattest du weitere Begegnungen mit Fremden?«
Irgendwann, irgendwoher – niemand hielt es für nötig, mir etwas zu erklären –, erschienen zwei Italiener in der Villa meines Stiefvaters. Sie kamen am Morgen und gingen am Abend. Ich weiß nicht, wo sie die Nächte verbrachten. Sie waren abkommandiert für Arbeiten im Garten. Und den Keller mussten sie aufräumen.

Ich sollte mich fernhalten von ihnen.
Aber wenn meine Mutter das Haus verließ, um einzukaufen, schlich ich mich in den Keller und beobachtete sie. Manchmal spielte der eine Akkordeon, und sie sangen dazu. Rosamona. Ich fand sie unheimlich, aber die Musik gefiel mir. Oft, wenn sie abends still verschwanden, ließen sie Kartoffeln aus dem Keller mitgehen. Ich habe das gesehen. Ich habe sie aber nicht verraten.

Sarah lächelt noch immer ein wenig stolz auf diese kindliche Komplizenschaft.
Und dann fällt ihr noch eine befremdende Begegnung ein. Bedrohlich sogar.

Das war auch zu dieser Zeit:
Ich trolle allein durch die Gegend. Da zieht eine merkwürdige Truppe an mir vorbei. In der Mitte des Zuges gehen lauter Männer in gestreiften Schlafanzügen. Ich wundere mich, warum sie wohl in diesen dünnen Schlafanzügen herumlaufen. Sie sind gerahmt von Männern in Uniformen, die große Hunde mit sich führen.
Ab und zu bückt sich einer der Männer im Schlafanzug und versucht, etwas aufzuheben und zum Mund zu führen (Gras? Wurzeln? Beeren?), aber sofort, noch bevor er sich wieder aufrichten kann, wird ein Hund auf ihn gehetzt.
Ich laufe nach Hause und erzähle das atemlos meiner Mutter.

›Das musst du vergessen‹, hat sie gesagt.

Silvia Bovenschen. 1977

Blickschärfe

Jetzt, April 2015.

Sarahs Blick. Sarah hat einen scharfen, genauen Blick. Ja sicher, den braucht sie für ihre Kunst. Daran ist nichts erstaunlich. Ich weiß jedoch, dass mich in früheren Jahren die sichtbare Schärfe ihres Blicks manchmal geradezu alarmiert hat. Dann, wenn dieser gespitzte Blick auf unbekannte Menschen zielte (im Zug, im Café, im Wartezimmer); Menschen, die Sarahs Aufmerksamkeit erregten, deren Absonderlichkeit sie faszinierte, die ihr in hohem Maße missfielen oder gefielen. Ich hatte Angst vor deren Angst, Angst vor aggressiven Reaktionen, sollten sie diesen bohrenden, auf sie gerichteten Blick plötzlich bemerken. Was würden sie vielleicht tun, wenn sie sich vorkämen wie ein aufgespießter Schmetterling?

»Sarah, bitte starre nicht so«, flüsterte ich dann manchmal.

Jetzt, da ich mich daran erinnere, fällt mir auf, dass ich diese geschärfte Sicht auf Fremde schon lange nicht mehr wahrgenommen habe. In diesen früheren Jahren hätte Sarah jeden in den Blick genommenen Menschen, der ihr Interesse in zuträglicher oder abträglicher Weise fand, bis

ins Detail seiner Physiognomie, seiner Kleidung, seiner Bewegungen beschreiben können. Minutiös.
Ich frage Sarah, warum es ihren Adlerblick nicht mehr gibt.
Sie lacht.
Weil mich diese menschliche Umgebung nicht mehr so interessiert, sagt sie.
Ich nehme an, die Blickdringlichkeit gehört jetzt exklusiv ihrer Kunst.
Gleichwohl: Es bleibt ihr noch genügend Blickvermögen für unsere privaten Sorgen und Nöte. Ihnen und den alltäglichen Erfordernissen unseres gemeinsamen Lebens gilt jetzt ein milder und weitwinkliger Blick. Sarah sieht, was gebraucht wird, was geputzt, was besorgt werden muss. Sie hat alles, wirklich alles im Blick.
Diese immerwährende Sorge kostet sie Zeit und Mühe, die sie lieber für ihre Malerei aufbringen würde.
Unser Haushalt. Er fordert ein Tun, das sie nicht liebt, aber weil es getan werden muss, tut sie es penibel.
Sarah kocht nicht mehr gerne – aber gut.

Mein bekümmerter Blick:
Ich sehe Sarah gehen. Ich sehe, Sarah geht schwer. Ich weiß, sie hat Schmerzen. Arthrose.
Die meiste Mühe, die sie schmerzbegleitet auf sich nimmt, entsteht durch meine Hinfälligkeit. Sie soll wissen, dass mir das bewusst ist.
»Ich versaue dir deine alten Tage«, sagte ich manchmal zu ihr.
Was hat sie geantwortet? Hat sie gesagt, dass das nicht

schlimm sei, unser Leben, ihr Leben mit mir, dass es gleichwohl nur gut sei, so wie wir beide uns jetzt befinden. Nein, das hat sie nicht gesagt. Sie hat gesagt, dass mein schlechtes Gewissen uns nichts nützt.

Recht hat sie. Ich sage das jetzt nicht mehr zu ihr.

Aber Tatsache bleibt: Ich versaue ihr die alten Tage.

Mein Trost: Ich kann sehen, dass sie sich freut, wenn sie mich sieht.

Der Schlüssel

Jetzt, 2014.
»Mir geht die Geschichte von deinem Großvater nicht aus dem Sinn. Sein Ende. Das ist so traurig.«
Ja, sagt Sarah, *das ist traurig.*

Sie sagt das wehmütig. Unerwartet fügt sie ihrer Zustimmung eine kleine Erzählung an. In ihrer Miene mischt sich zur Wehmut eine traurige Belustigung.

Sarah erzählt:
Es gab ein Nachspiel. Ich weiß nicht, ob ich das im Rückblick eher komisch oder nur erbärmlich finden soll. Jedenfalls sollte der Schrebergarten, aus dem mein Opa die Himbeeren für unseren Grießbrei holte, viele Jahrzehnte später eine Rolle spielen. Als Kind, in dem Jahr, in dem ich bei ihm lebte, war ich oft dort gewesen. Ich erinnere mich an lange Fahrten mit der Trambahn hinaus nach Teltow, an einen weiten Fußweg und an eine kleine Laube, an einen Tisch und an einen Spirituskocher. Und ich erinnere mich an riesige Glasfenster, die an den Bäumen lehnten. Die hatte mein Opa einmal günstig auf einer Auktion erstanden. Die seien, so sagte er mir damals, für ein Atelier gedacht, das er später für meine Mutter

dort bauen wolle. Aber dieses »Später« gab es dann ja nicht mehr.

Sarah macht eine Pause.

Aber ein anderes »Später« gab es, in der Folge dessen, was allgemein »die Wende« genannt wurde. Bald schon, nach dem Fall der Mauer, sprach sich herum, dass es möglich sei, längst verloren geglaubte Häuser, Grundstücke, gar Ländereien wieder in Besitz zu nehmen. Das betraf sogar Schrebergärten. Jedenfalls setzte meine Mutter sofort alle Hebel in Bewegung. Ihr Verlobter musste Papiere ordnen und die rechtlichen Vorschriften erkunden …

»Sie hatte einen Verlobten?«

Ja, stell dir vor, sie hatte sich auf ihre alten Tage nochmals verlobt.

Schließlich beauftragte sie sogar eine große Anwaltskanzlei, weil das Land inzwischen als Bauland ausgewiesen worden war.

Und dann hatte ich sie am Telefon. Im Frühjahr 1990. Sie wohnte damals in Bonn. Zu meinem Entsetzen kündigte sie eine Ortsbesichtigung an. Ich sollte sie begleiten und unsere Fahrt zum Schrebergarten organisieren, möglichst mit einem Ortskundigen. Sonst noch was? Ortskundig? Mir fiel nur ein freundlicher Mann ein, den ich vor Jahren zufällig in Marxwalde (heute wieder: Neuhardenberg) kennenlernte. In jener Zeit, als ich über die Parks von Lenné und Pückler-Muskau arbeitete. Du wirst dich vielleicht erinnern, ich fuhr damals häufig in das Land, das DDR hieß. Oft begleitete mich Iris Wagner. Einmal, wir hatten uns auf der Suche nach einer Schinkelkirche etwas verlaufen, fragten wir einen Herrn nach dem Weg. Er hat uns dann freundlich in seinem Trabant dorthin gefahren. Beim Abschied gab er mir seine Telefonnummer. Ihn rief ich an. Das war etwas idiotisch, denn gerade ihm gegenüber war mir das folgende Geschehen unerhört peinlich.

Jedenfalls fuhr er mich und meine Mutter kurz darauf zu dieser Schrebergartenkolonie. Die Gärten waren nummeriert. Die Nummer wusste meine Mutter noch. Als wir dort ankamen, stieg sie erstaunlich behände – sie war ja schon sehr betagt – aus dem Wagen und stürmte auf die Gartentür zu. – Jedenfalls stürmt sie in meiner Erinnerung –. Dann griff sie in ihre Manteltasche und zog einen großen altmodischen, aber blanken Schlüssel hervor, steckte ihn in das Schloss, und – ich war fassungslos – er passte!

Woher hatte sie diesen Schlüssel? Hat sie ihn all die Jahrzehnte aufbewahrt und ständig poliert in der Annahme, dass ihr der Schrebergarten eines Tages wieder zufiele?

Dann stieg ich auch aus und schaute durch das Tor. Die Laube von meinem Opa gab es nicht mehr. Auch nicht die großen Glasfenster.

Der Garten war zwar etwas verwildert, aber es waren auch neuere Anpflanzungen zu sehen. Es blieb mir jedoch nicht viel Zeit für diese Betrachtung, denn fast zur gleichen Zeit, in der meine Mutter auf das Tor zugestürmt war, hatte sich die Türe in dem kleinen Haus auf dem benachbarten Grundstück geöffnet und ein Mann war gleichfalls herausgestürmt. Er kam auf uns zu. Er war etwa im Alter meiner Mutter. Meine Mutter stellte sich vor. Der Mann ging sofort in die Offensive: Er habe den Garten über all die Jahre gepflegt und bewacht.

Bald darauf fuhr meine Mutter wieder nach Bonn. Aber sie wirbelte weiter. Ein weiteres Telefonat. Ich solle auf ein Amt in Teltow gehen, vielleicht gebe es dort noch Unterlagen in dieser Sache, und ich solle auch nochmals den Schrebergartennachbarn aufsuchen, vielleicht habe der noch irgendwelche weiterführende Informationen.
Auf dem Amt in Teltow gab es keine Unterlagen. Man sagte mir, ich solle mich an die zuständigen Behörden in Potsdam wenden. Was ich nicht tat.
Als ich erneut bei dem Schrebergartennachbarn auftauchte, wollte der sich an nichts erinnern, stattdessen präsentierte er mir einige sehr kuriose Bilder, die mit Corinth signiert waren. (Woher wusste er, dass ich Malerin bin?) Er fragte mich, wie viel Geld er bei einem Verkauf erwarten könne. Ich sagte: keine müde Mark.
Dann kaufte ich ihm einen kuriosen Reklameaschenbecher ab, auf dem bäumte sich ein Eisbär auf.
Auf der Rückfahrt überlegte ich, ob »keine müde Mark« nicht ein gutes Schlusswort für diese ganze Angelegenheit sein könnte.
Und tatsächlich, meine Mutter konnte ihren Besitzanspruch nicht hinlänglich beweisen. Allerdings musste sie der Anwaltskanzlei ein gesalzenes Honorar überweisen. Ich gebe zu, dass mich das freute.

Fragen

Neulich fragte mich ein Freund, ob es für mich ein Problem sei, eine Frau zu lieben.
»Nein«, sagte ich.
Er wagte sich noch etwas weiter vor.
Ob es für mich je ein Problem gewesen sei, eine Frau zu lieben.
»Nein«, sagte ich.
Ob es Männer gegeben habe, die ich geliebt habe.
»Ja«, sagte ich.
Ich wartete auf die Frage nach den Prozentzahlen, aber sie kam nicht. Ich hätte ihn in jedem Fall enttäuscht. Für eine Frau, die eine kurze Zeit zu den sogenannten Achtundsechzigern gehört hatte, war ich bemerkenswert zurückhaltend.

Wenn ich in den Jahren meiner Kindheit und Jugend krank im Bett lag – das war sehr oft der Fall –, wurde ich hinreichend mit Lektüre versorgt. Aber ich versorgte mich auch selbst mit Lesestoff aus den Bücherschränken der Eltern. Dort las ich vieles, das ich nicht so recht verstand, dort las ich vieles, das ich vermutlich missverstand, und dort las ich auch vieles, das mir sagte, dass nicht alle Tugendgebote

zu allen Zeiten an allen Orten die gleiche Geltung haben. Ja, meine Mutter hätte einen Teil ihrer aus damaliger Sicht »frivolen« Lektüren vielleicht verstecken sollen. Aber das war ihre Sache nicht. So begegnete ich früh in den Büchern vielfältigen erotischen Abenteuern und Varianten der Liebe. (Selbstverständlich war das, was mir zu dieser Zeit unter die Augen kam, gemessen an dem, was Jugendlichen heute zugänglich ist, von lächerlicher Harmlosigkeit.)
Frühe Einblicke in die Welt der Erotik boten Romane wie die der Colette oder das Buch ›Bonjour Tristesse‹ von Françoise Sagan; es könnte sein, dass ich auch Henry Millers ›Stille Tage in Clichy‹ schon kannte.
(Das sind die, die mir noch einfallen.) Nicht durchweg die edelsten Lektüren. Aber ich bin dankbar, sie haben mich vermutlich vor einigen Verklemmungen bewahrt.
Sie verwiesen die Moralgespenster der fünfziger Jahre in das sexualpolitische Gruselkabinett. Die Androhung, dass Onanie zu Rückenmarksschwund führe, war nur eines der Schauerdramen, die dort aufgeführt wurden. Viele meiner Klassenkameradinnen glaubten daran, dass ein Kuss von einem Jungen eine Schwangerschaft herbeiführen könnte. Und die Pfarrer malten von der Kanzel herab den »liederlichen« Mädchen die ewige Verdammnis aus.
Meine Eltern haben mich mit solchen Sexualschrecknissen verschont.

Jetzt frage ich Sarah: »Haben dir deine Eltern so etwas wie eine sexuelle Aufklärung zukommen lassen?«
Nein, sagt sie, *kein Wort.*

Auch in meinem Elternhaus wurde über dergleichen nicht gesprochen.
Trotz dieser Zurückhaltung meiner Eltern (und auch in der Schule wurde dieses Thema komplett ausgespart) fühlte ich mich in den Pubertätsjahren einigermaßen informiert. Die Lexika im Bücherschrank meines Vaters gaben Auskünfte über die Körperrätsel, und die Romane lieferten den Rest.

»Und wie kamen Sie nach London?«

September 2014.
Wir erwarten Besuch. Einen Besuch, auf den wir uns freuen. Impulsiv will ich erneut sagen, dass es sich um eine Dame handelte, die wir erwarten. Da diese Bezeichnung aus der Mode ist und auch in meinen Ohren eine Klangbeimischung hat, die bedenklich ins Dünkelhafte eines Standesdenkens weist, muss ich meinen Impuls erklären. Ich würde das Wort gerne so verstehen, wie es meine Mutter einst verstanden hat. Für meine Mutter zeichnete sich eine Dame durch eine besondere Empfindsamkeit aus, die vielleicht zugleich mit dem Wort aus der Mode kam, die aber wohltuend ist – nicht nur im Gespräch. Eine Behutsamkeit in der Annäherung an Mensch, Tier und Ding. Eine Zurückhaltung im Meinen und Urteilen.
Und nun wiederholt sich etwas. Die Besucherin betrachtet den Teller, auf dem Sarah ein Gebäck serviert. Der Teller ist jenem sehr ähnlich, aus dem ich vor vierzig Jahren die Möhrensuppe löffelte. Natürlich ist er viel kleiner und flach, aber doch im Dekor verwandt. Auch in der Farbgebung.
Die Besucherin bewundert den Teller.

»Die Bloomsbury-Zeit«, sagt sie und lächelt. Ein schönes Lächeln.
»Das ist ein schöner Teller«, sagt sie.
Und Sarah sagt das, was sie damals auch zu mir sagte.
»Der ist noch aus meiner Londoner Zeit.«
Und nun fragt die Besucherin:
»Und wie kamen Sie nach London?«
Und Sarah erzählt frei heraus, und sie tut es geradezu freudig. Das lässt mich hoffen für dieses Buch. Natürlich ist Sarahs Erzählung nicht sehr ausführlich, eine Gesprächsbeigabe zu Tee und Gebäck. Angemessen.
Ich nehme mir vor, Sarah am Abend um eine detailliertere Ausführung zu bitten. Um sie nicht mit einer endlosen Fragefolge zu quälen, versuche ich, mir Informationen ins Bewusstsein zu holen: Informationen, die in den Erzählsplittern, die ich ihr von Zeit zu Zeit entlocken konnte, enthalten waren.

Was ich schon wusste:

1953 hat sie geheiratet. Weil sie noch keine einundzwanzig Jahre alt war, musste sie die Zustimmung ihrer Eltern einholen.
Das sei kein Problem gewesen, hatte sie gesagt, obwohl die Eltern ihren zukünftigen Mann nicht kennengelernt hatten. Diese Heirat habe ihre Eltern nicht sonderlich interessiert. Allerdings sei einige Monate später ihr Vater aufgetaucht und habe nach kurzer Beobachtung gesagt, dass sie nicht wirke wie eine glücklich verheiratete Frau und dass sie etwas Sinnvolles arbeiten solle. Da habe sie

mit der Malerei begonnen. Wie besessen. Ja, wörtlich: *wie besessen.*
Sie habe sich den Collagen und bald darauf schon der »informellen« Malerei zugewandt.
Das hatte sie mir erzählt, als sie ein großes Triptychon, das sie zu dieser Zeit angefertigt hatte, in unserer Wohnung an eine bücherverschonte Wand brachte. Ich liebe diese Bildfolge. Unendlich fein nuancierte Farbenspiele, die bei wechselndem Lichteinfall neue Sensationen, Schattierungen, Tönungen aufrufen.
In der Zeit ihrer Entstehung muss der Umzug von Hannover nach Hamburg stattgefunden haben.
In irgendeinem anderen Zusammenhang hatte sie erwähnt, dass ihre Ehe nur sieben Jahre bestanden habe.
Und das wusste ich auch: Ihr Mann eröffnete 1957 eine Galerie. Und er hatte bald schon erste Erfolge. Zu den Künstlern, die er ausstellte, gehörte allen voran Horst Janssen.

Einmal – und das ist noch nicht so lange her – zeigte sie mir drei fotokopierte Blätter, bedeckt mit einer schönen, rätselhaften Kalligraphie. Eine Geheimschrift, wie sie erklärte. Die Ablichtungen, die sie für einen Katalog verwenden wollte, habe ihr Hans Brockstedt geschickt, mit dem sei sie einst verheiratet gewesen. (Das wusste ich schon.) Er habe die Blätter kopiert aus einem Heft, das eine Korrespondenz zwischen ihr und Horst Janssen enthalte. Die Geheimschrift habe sie damals entwickelt. Viele Buchstaben, deren Gestalt ihr gefallen habe, seien dem arabischen Alphabet entnommen. Sie habe sie mit eigenen erdachten Zeichen kombiniert. Es habe zwei dieser

Hefte gegeben, erzählte Sarah. Das andere habe Carl Vogel gekauft.

Horst Janssen habe ihre geheimschriftlichen Botschaften meist mit Zeichnungen beantwortet.

Mit dem habe sie eine Liebschaft gehabt.

Ja, wahrhaftig, *Liebschaft* hatte sie gesagt. Das Wort klang sonderbar in meinen Ohren. Es sei nicht die einzige Liebschaft gewesen, die er zu dieser Zeit gehabt habe, hatte sie lachend hinzugefügt.

Die Flucht III

Sarah erzählt:

In der Silvesternacht 1959/60 kam es zu einem Streit, nein es war ein fürchterlicher Krach. Hässliche Wörter, hässliche Sätze. Üble Beschimpfungen. Ich muss allerdings hinzufügen, dass wir beide, Brockstedt und ich, betrunken waren. Genauer: sturzbesoffen. Am Ende dieses Krachs stand fest: Wir würden uns scheiden lassen. Für mich stand zudem fest: Ich würde gehen, ich würde das Land verlassen für immer, alles hinter mir lassen, Tabula rasa.

Damals gingen die Künstler nach Paris. Da spielte die Musik. Ich entschied mich für London. Mein Mann nahm das nicht so ernst. Er meinte, dass wir, wenn ich meine Freiheit hinreichend ausgekostet haben werde, erneut heiraten könnten.

Ein paar Wochen später waren wir geschieden. Das ging damals sehr schnell.

Für den nächsten Tag lagen zwei Flugtickets bereit, ausgestellt auf Horst Janssen und mich. Das war unser Plan, wir würden auswandern. Zwar war Janssen immer mal von Zweifeln befallen worden – hier in Deutschland habe er einen Namen, da sei er schon ein anerkannter Künstler, könne verkaufen … und dergleichen mehr –, aber letztlich zeigte auch er sich entschlossen.

(Die folgenden Ereignisse hatte sie mir vor Jahren schon einmal erzählt, allerdings ohne die Vorgeschichte und ohne den weiteren Verlauf in London. Nur die Szene auf dem Flughafen. Die habe ich, mit ihrer Erlaubnis, etwas variiert vor ein paar Jahren in einer eigenen Erzählung untergebracht.)

Unser Aufbruch: Wir fuhren zum Flughafen. Dort gingen wir in das Restaurant. Wir beschlossen, den Start in das neue Leben pompös zu gestalten, und bestellten ›Forelle blau‹. Das war in dieser Zeit eine snobistische Order. Wir hatten unser Mahl noch nicht beendet, als Janssen sagte, dass er vor dem Flug noch aufs Klo gehen wolle. Er stand auf. Er ging. Ich wusste, dass er nicht wiederkommen würde. Ich sehe noch den Petersilienstrauß im Maul der Forelle.
Ich flog nach London.
Allein.
Die Fahrt vom Flughafen in die Innenstadt schien mir endlos. Mir wurde klamm.
Ein Bekannter, ein Engländer, hatte mir zwei Adressen genannt, von seinen Verwandten, die mir unter Umständen weiterhelfen würden.
Susan, eine Britin, und ihr Mann John, ein Ungar, nahmen mich auf. Ich konnte bei ihnen wohnen, vorerst.
Ich wollte die Radikalität meines Aufbruchs sowohl nach außen sichtbar als auch für mich selbst unwiderruflich machen. Daher bat ich sie, kaum dass ich dort wohnte, mir bei der Erfindung meines zukünftigen Namens zu helfen. Susan plädierte stark für Sarah (die Frauennamen des Alten Testaments wurden in England auch von Christen immer schon

gerne in Anspruch genommen). Beide fanden schnell auch den hier passenden Nachnamen: Schumann. Wahrscheinlich dachten sie an Clara Schumann. Ob sie vornehmlich das Wunderkind im Sinn hatten oder eher die bejubelte Pianistin oder die Komponistin, weiß ich nicht. Anyway. Mir gefiel dieser Name. Fortan sollte/wollte ich so heißen.
Susan handelte mit Antiquitäten. Manchmal half ich ihr, fuhr mit ihr zu den Auktionen. Dabei lernte ich mancherlei (Stile, Materialien, Fälschungen).
Und ich lernte, Ausländerin zu sein. Die Deutschen waren gehasst. Das war verständlich. Oft wurde ich wüst beschimpft. Es wurde nicht unterschieden. Ein Hinweis auf mein Alter, zum Beispiel, hätte nicht verfangen.
So kam es, dass ich hauptsächlich mit anderen Ausländern verkehrte. Zu den wenigen Einheimischen, die ich näher kennenlernte, zählte eine Engländerin, die im Nebenhaus wohnte. Sie schenkte mir eine Wolldecke, weil ich so fror. Eine Cellistin. Sie war mit einem eifersüchtigen Chinesen verheiratet. Der war Taxifahrer. Eines Tages hat er sie auf einer seiner beruflichen Fahrten gesehen, wie sie engumschlungen mit einem anderen Mann spazieren ging. Daraufhin hat er ihr beide Handgelenke gebrochen.
Manchmal ging ich abends auf einen Drink in einen der Ladypubs und staunte über die bunt geschminkten älteren Frauen. Und manchmal sah ich Filme in einem nahe gelegenen Kino. Da verging meistens nicht viel Zeit, bis ein fremder Mann sich neben mich setzte und onanierte. Das widerfuhr nicht nur mir. Viele Frauen beklagten sich über diese merkwürdige Gewohnheit.
Selbstverständlich besuchte ich auch die Museen und zahl-

lose Ausstellungen. In Deutschland hatten die jungen Nachkriegskünstler fiebrig den verpassten Kunstentwicklungen der Moderne nachgespürt. Den Filmen, den Literaturen und den Bildern. Wir bewegten uns in einem verwüsteten Land. In jeder Weise verwüstet, auch moralisch, auch kulturell.
Jetzt dagegen befand ich mich ein paar Reisestunden nur entfernt in einem Land, das in seinen Traditionen ruhte. Es gab nicht diesen Bruch. Die geschwärzte Zeit.
Die Künstler bewegten sich selbstverständlich und kulturell gestützt hinein in die Neuerungen, so es ihnen beliebte.
Ich war mir meiner Fremdheit sehr bewusst.
Mir blieb die Betrachtung.
Ich betrachtete als Fremde. Ich betrachtete, wo immer es etwas zu betrachten gab. In den Museen, in den Galerien, in den Ateliers. Noch das Absurdeste nahm ich mit. Ich erinnere mich an eine Ausstellung, es war die Sammlung eines Teefabrikanten, auf der unter so mancherlei auch ein lebendiger Bienenstock zu sehen war.
Irgendwann, ich hatte einige Bilder verkauft, mietete ich mir ein Flat und erstand ein paar Möbel. Vor dem Haus, in dem ich wohnte, war samstags ein Trödelmarkt, auf dem man Schönes unter einer Menge Ramsch finden konnte. Dort kaufte ich hin und wieder, zum Beispiel das bewunderte Porzellan …

Ich unterbreche ihre Erzählung. Ich bin um ihretwillen ein bisschen empört, weiß aber, dass ich auf diese Empörung kein Recht habe.
»Warum sparst du deine Erfolge aus? Ich weiß, dass du bereits 1953 eine Einzelausstellung in der Zimmergalerie

Frankfurt hattest. Da hast du die Chockcollagen gezeigt, die dann auch in London zu sehen waren in einer großen Ausstellung im Institute of Contemporary Art. Ein berühmter Kritiker, Antony Penrose, hat die einführende Rede gehalten. Im ›Guardian‹ war eine großformatige Abbildung zu sehen. Über die ganze Seite. Die renommierte Kunstzeitschrift ›Motif‹ hat einen Artikel über dich und deine Kunst gebracht. Ein bekannter amerikanischer Sammler, der Sexologe Eberhard Krohnhausen, hat Bilder von dir gekauft. Das war doch nicht nichts!! Konntest du daraus nichts machen? Konntest du daran nicht anknüpfen?«

Nein. Ich hätte nicht gewusst, wie das geht. Ich nahm die Dinge so, wie sie kamen und gingen. Außerdem überschätzt du diese öffentliche Aufmerksamkeit. Frauen galten in der Kunstszene nicht viel. Auch in den Künstlerkreisen waren sie Außenseiterinnen. Allenfalls geduldete Exotinnen.

Umwege

Mir wird ein Preis zugesprochen. Eine Bekannte gratuliert.

»Da wirst du jetzt mächtig stolz sein«, sagte sie. Sie sagt das etwas mokant. Ihre Miene: mürrisch.

»Nach der Lehre der römisch-katholischen Kirche zählt der Stolz zu den Todsünden«, sage ich ablenkend.

Sie zuckt mit den Schultern.

Ich gehe in mich, ob sich darinnen etwas regt, das man in aller Deutlichkeit Stolz nennen könnte. Ich erkläre mein Zögern.

»Bei den einschneidenden Erlebnissen meines Lebens, ob erfreulich oder bedrohlich, widerfuhr mir stets eine merkwürdige Spaltung. Ein größerer Teil von mir war abwesend und überließ einem kleineren, völlig indolenten Teil das Feld. Das war so bei allen Arztgesprächen, die in einer Diagnose gipfelten, das war so bei der Überreichung irgendwelcher akademischer Urkunden, das war so auf dem Amt, auf dem man mir die Höhe meiner Rente mitteilte, das war so bei fast allen Ehrungen … Nur als ich die Führerscheinprüfung bestand, war ich ganz bei mir.«

Die Bekannte ist weiterhin skeptisch. Das ist ihr anzusehen.

Ich muss mich zu einer weiteren Erklärung aufraffen. Sie soll nicht glauben, mich bei einer verlogenen Bescheidenheit ertappt zu haben.

»Ja doch. Ich kenne ihn gleichwohl, den Stolz.

Aber er kommt meist nur auf Umwegen zu mir. Damals in meiner Jugend kam er auf dem Umweg der Freude, die ich an meiner Mutter nach bestandenen Examina wahrnahm (Wenn das dein Vater noch hätte erleben dürfen!), und in den letzten vierzig Jahren, kam er, wenn ich bemerkte, dass Sarah stolz auf mich war. Ihre spürbare Empfindung strahlte wärmend auf mich ab.«

Die Bekannte schaut immer noch skeptisch drein.

»Auch die spürbar ehrliche Freude von Freunden erzeugt zuweilen diese Wärme. Im Moment allerdings fröstelt es mich.«

Der letzte Reisebericht

Ich frage Sarah nach früheren Reisen, die ihr in besonderer Erinnerung sind.
»Hast du eine Reise in besonderer Erinnerung?«
Ja, eine Reise durch Spanien.

Sarah erzählt:
Ich war frisch verheiratet mit Hans Brockstedt. Der hatte sein Studium geschmissen und bei einem Verlag einen Job als Vertreter für Kunstdrucke angenommen. Lichtdrucke von bedeutender Malerei. Die Drucke waren gut, sie machten was her, sahen ziemlich echt aus. Mit ihnen tingelte er durchs ganze Land. Damit konnte man damals noch Geld verdienen. Die Drucke kamen bald schon aus der Mode. Sein Vater hatte ihm für diese Tätigkeit einen alten Mercedes überlassen. Ein riesiger Wagen. Mit ihm fuhren wir durch Spanien. Zu der Zeit hatte er schon angefangen, Originale moderner Malerei zu kaufen und zu verkaufen.
»In welcher Zeit sind wir da?«
Mitte der fünfziger Jahre. Es war eine merkwürdige Reise in ein merkwürdiges Land. An viele Einzelheiten dieser Reise kann ich mich nicht erinnern, aber mein Gedächtnis liefert noch einen starken atmosphärischen Eindruck. Harte Kon-

traste: das gleißende Sonnenlicht, vor dem sich nachtschwarz, einschüchternd in furchterregender Gravität schwarze Paläste und Sakralbauten abhoben. Ich erinnere mich, dass wir über weite Strecken – wie mir schien endlos – über rote Erde fuhren, dass auf den Straßen der Städte kaum Passanten zu sehen waren, aber allüberall Polizisten mit finsteren Mienen unterhalb ihrer breitausladenden, schwarzgelackten Kopfbedeckung. Ich erinnere mich an die gedrückte Stimmung, die über all dem lag. Ich erinnere mich an meine Begeisterung, als ich im Prado erstmalig die Gemälde von Hieronymus Bosch, Goya, El Greco und Velásquez im Original sehen konnte. Sie waren teilweise unrestauriert, einige sogar beschädigt.

Wir hatten nicht viel Geld. Schon am späten Nachmittag begann die Suche nach einer billigen Unterkunft. Trotz unserer knappen Mittel kaufte ich mir in Toledo eine Halskette: dunkle Porzellanperlen, daran schwer hängend ein schwarzes Kreuz. Passend zur Reise.

Habe ich erwähnt, dass Hans Brockstedt zu dieser Zeit schon einen Fuß im Kunsthandel hatte? Er hatte sich vorbereitet, hatte erkundet, an welchen Orten sich Künstler in den Jahren vor dem Bürgerkrieg getroffen hatten, wo einst Maler arbeiteten, wo Sammler wohnten. Wir fuhren dorthin, und er fragte sich durch, er fragte Leute in den Läden, auf den Straßen, in den Absteigen. Sie waren mürrisch, abweisend, misstrauisch, aber manche sprachen doch, und er wurde, den Gerüchten folgend, oftmals fündig. Ich erinnere mich an Arbeiten von Juan Gris und Tàpies, und ich glaube, mich zu erinnern, dass sogar eine Arbeit von Rodin darunter war.

Irgendwo in den Bergen begegneten wir einem merkwürdigen Verkäufer. Der war fett, sein nackter Bauch quoll mürbe

aus der Hose, seine Haut war grau, und er hatte Schaum vor dem Mund. Er besaß eine erstaunliche Sammlung. Ich kann mir nicht vorstellen, dass alle Arbeiten, die er uns verkaufte, der späteren Überprüfung standgehalten haben.
Wenn ich überlege, welche Preise heute allein für die Bilder, die sich als echt erwiesen, gezahlt würden, muss ich lachen. Damals aber wurden alle Erlöse, die die Bilder auf Auktionen erbrachten, sofort wieder in den Handel gesteckt.

Zu meinem großen Erstaunen nimmt Sarah am Abend des gleichen Tages unaufgefordert ihre Erzählung von der Spanien-Reise wieder auf. Das entscheidende Erlebnis, das sie oft zurückdenken lasse, sagt sie, habe sie ausgespart.

Sarah erzählt:
Ich hatte mir einen Stierkampf angesehen und war begeistert.
»Das hat dir gefallen?« (Ich muss sie wohl etwas nachdenklich angesehen haben.)
Ja, ja ich weiß schon, ja sicher, ich hatte Mitleid mit dem gequälten Tier. Aber es hat mir gleichwohl gefallen. Ja, es hat mir gefallen.

Diese Arena. Diese riesige, buntwogende Arena. Die anbrandenden Erregungswellen, begleitet von Rufen, eingeleitet, gesteigert und bestätigt durch eine immer wieder einsetzende feurige Musik, das Ballett der Pferde, die leuchtenden Farben, die aufwendigen Kostüme der Picadores, der Banderilleros und alle überbietend die prächtige Gewandung des Matadors, dessen Geschmeidigkeit und Eleganz.

Soeben noch in der großen Lähmung des verdunkelten Landes sehe ich mich – plötzlich der Tristesse entronnen und herausgerissen aus dem Stimmungsgrau – wie von Zauberhand glücklich versetzt in einen farbigen Jubel. Der reißt mich mit. Ich weiß nicht, warum die Menge jubelt, ich weiß nicht, warum gepfiffen wird, warum der Paso doble einsetzt, aber es ist triftig, zwingend in der Weise eines Traumgeschehens. Die Dramaturgie und Gesetzlichkeit des Ganzen ist mir fremd, gleichwohl wähne ich mich mit Haut und Haar zugehörig, bin nicht länger eine Fremde in der Fremde. Ich verschmelze mehr und mehr mit dem wundersamen Geschehen.

Ja, das Spektakel beglückt mich, es beglückt mich dazuzugehören, mich anzuverwandeln, mitzutreiben auf den Erregungsfluten, mich im Jubel nachgerade aufzulösen, im Gleichklang mit der Welt zu sein, angekommen zu sein.

Das ist es nämlich, was ich immer wollte: ankommen.

Sarah stockt. Dann sagt sie:

Ja, so könnte ich das erzählen, vielleicht habe ich es mir sogar selbst lange Zeit so erzählt, und es wäre nicht einmal gelogen. Und doch auch nicht ganz wahr. Eine schöne Illusion nur. Die Wahrheit: Ich wollte *mitgerissen werden, ich* wollte *verschmelzen, ich* wollte *dazugehören. Eine fanatische Einrede. Es war auch eine Feigheit und ein Opportunismus im Spiel, ich kann das im Rückblick klar sehen.*

Ich erinnere mich, dass ich, obwohl gefangen im wahnhaften Wunschempfinden eines Einklangs, zugleich eine Unstimmigkeit verspürte, die ich mir nicht ganz verbergen konnte. Ein leiser innerer Einspruch. Es war kein moralischer Einspruch, schon gar nicht im Sinne der heutigen politischen

Korrektheit, nein, mein Konformismus beschämte mich damals nicht im Geringsten, aber ich ahnte sein Misslingen. Ich ahnte: Auch hier würde ich nicht angekommen sein.
Ich wollte es mir lange nicht eingestehen, aber insgeheim wusste ich es: Ich war nicht angekommen, dort in dieser spanischen Exotik schon gar nicht, dort nicht, später in London nicht, in Italien nicht, nirgendwo ist mir das Ankommen gelungen, nicht mehr seit den Tagen der Flucht in meiner Kindheit, so sehr ich es immerwährend ersehnt habe.

Diese Erzählung hat mich beunruhigt. (Ich nehme mir deshalb vor, sie später einmal zu fragen, ob ihr das »Ankommen« wirklich niemals gelungen ist.)
Zugleich beleuchtet diese Stierkampfepisode eine Eigenart Sarahs, die mich oftmals verwundert hatte. Ich nannte diese Eigenart bei mir Sarahs »Anpassungsverpassung«. (Ich hätte sie auch – weniger verdreht – als »Erfolgsvermeidung« charakterisieren können.) Ich will versuchen, diese etwas abstruse Kennzeichnung zu erklären.

Das hatte ich oft bemerkt: Sarah ist völlig unfähig zur Liebedienerei. Sie ist lieb zu denen, die sie liebt, sie ist freundlich zu denen, die sie mag, sie bewundert, wenn ihr etwas an dieser oder jenem als bewunderungswürdig erscheint, aber mehr auch nicht.
Sarah ist außerstande, jemanden zu hofieren oder sich selbst in ein angenehmes Licht zu bringen. Ich konnte das oft beobachten. Wenn potentielle Käufer ihrer Bilder bei uns auftauchten, trat dieses Unvermögen grell in Erscheinung. Geschäftsuntüchtigkeit ist eine zu schwache

Bezeichnung, sie reicht nicht heran. Kein Lächeln, wo es nicht hingehörte, kein geschöntes Wort, keine verkaufsdienliche Anpreisung. Es lagen nie viele Worte vor der kahlen Frage:
Wollen Sie das Bild kaufen?
Wann kippt eine kleine Gesprächsgalanterie, eine geschmackliche Konzession, ein minimal übertriebenes Entgegenkommen in Schleimerei und Heuchelei?
Sarahs Unfähigkeit zur dezenten Anpreisung ihrer Arbeiten und zu einer verkaufsförderlichen Gesprächsführung fußt nicht auf moralischen Überzeugungen (die sie sicher hat), nein, es ist primär eine charakterliche Unfähigkeit.
Das enthebt sie der Anstrengung, sich selbst in dieser Sache zu misstrauen (der moralischen Selbstkontrolle).
Ich will nicht verschweigen, dass mir das gut gefällt.

Ich gestatte mir, gegen jeden guten Vorsatz, eine kleine Mutmaßung (Vulgärpsychologie). Wäre es möglich, dass gerade Sarahs große, ja übermächtig große Sehnsucht nach einer zugehörigen Ankunft, die diese Bezeichnung verdiente (eine Sehnsucht, die sie in dem Stierkampferlebnis ausweist), ihr immer wieder die kleine lebenstüchtige Anpassung, die zuweilen angeraten ist, versaut hat? Das, oder etwas in der Art, vermute ich jetzt im Rückblick.

Die Flucht IV

Heute … komme ich nochmals zurück auf ihre Fluchterlebnisse.

»Wie lange hat sie gedauert, diese Flucht?«

Ungefähr zwei Monate.

»Und wo endete sie?«

Sarah erzählt:

Schließlich landeten wir in der Lüneburger Heide. In Maschen. Das ist ein kleines Dorf in der Nähe von Hamburg-Harburg. Wir wurden zwangseingewiesen bei einer alten Frau, die dort ein einstöckiges Giebelhäuschen besaß. Sie hasste uns schon, bevor wir noch da waren. Wir, meine Mutter, meine kleine Schwester und ich, bewohnten in diesem Häuschen ein kleines Zimmer, in dem wir schliefen, aßen, wuschen und kochten. Ich teilte das Bett mit meiner Schwester.

Im Oktober 1945 kam ich aufs Lyceum. Ich hatte einen elend weiten Schulweg. Morgens lief ich dreißig Minuten zum nächstgelegenen Bahnhof. (Meistens rannte ich, weil ich zu spät aufgestanden war.) Dort bestieg ich den Zug nach Harburg. Im überfüllten Zug traf ich andere Flüchtlingskinder, unter ihnen viele Mädchen aus den umliegenden Ort-

schaften, die auch das Lyceum besuchten. In diese Zeit fallen meine ersten erotischen Beunruhigungen.
Ich weiß noch, dass ich es unverständlich erregend fand, an einem heißen Sommertag plötzlich die vielen freigelegten Achselhöhlen all der Mädchen zu sehen, die sich stehend im überfüllten Waggon an hochliegenden Gepäckstangen festhielten.
Oft, wenn ich wieder verschlafen hatte, rannte ich zur nahe gelegenen Autobahn, kletterte die Böschung hoch und hielt einen Wagen an. Einmal wurde ich von einem Mann, der mich mitnahm, streng ermahnt. Er sagte, dass es gefährlich für ein hübsches junges Mädchen sei, sich in das Auto eines fremden Mannes zu setzen. Ich habe ihn nicht verstanden, nicht verstanden, wo die Gefahr liegen könnte, aber ich verstand, dass es interessant gewesen wäre, ihn zu verstehen, weshalb ich mich vielleicht an seine Worte erinnere.
Und ich erinnere mich auch daran, dass ich in den schönen Englischlehrer verliebt war. Alle Mädchen in der Klasse waren in den schönen Englischlehrer verliebt.
Unsere Schule war zu großen Teilen zerbombt. Es gab keine Lehrbücher. Auch die wenigen Hefte, die wir Schüler hatten, mussten sorgfältig behandelt werden. Papier war kostbar. Unsere Lehrer waren zumeist Quereinsteiger und hatten keine pädagogische Ausbildung. Im Geographieunterricht wurde immer nur die große Karte mit der Topographie Frankreichs entrollt. Ich könnte nicht mehr sagen, in welchen Grenzen uns das Land des ehemaligen Erbfeindes vorgestellt wurde, aber vermutlich entsprachen sie nicht der Nachkriegsordnung. Vielleicht waren alle anderen Karten verbrannt.
Der Lehrer zeigte mit einem langen Stock auf irgendwelche

Punkte und nannte Namen französischer Städte. Die schrieb ich mit, so wie ich sie hörte: Tulus, Bordo, Kann. Am Abend fragte meine Mutter, was ich in der Schule gelernt hätte. Ich zeigte ihr stolz mein Heft. Sie lachte mich aus. Schallend, wie man so sagt. Ich war gekränkt.

Es war die Zeit der Poesiealben. Ich hatte keines. Wie denn auch? Im Gepäck der Flüchtlinge war dafür kein Raum. Poesiealben besaßen nur die satten einheimischen Mädchen. Die baten mich oft um eine Zeichnung. Es hatte sich herumgesprochen, dass ich das gut konnte. Meine Zeichnung kam dann auf die fünfte oder die sechste Seite, nach den erborgten Weisheiten von Vater, Mutter, Oma, Tante und Lehrerin. Der Lohn war ein Wurstbrot. Ich aß es mit Andacht.

Meine Nachmittage waren verplant. Wenn ich aus der Schule kam und wir gegessen hatten (nicht immer stand etwas Essbares auf dem Tisch), musste ich das Geschirr abwaschen. Dafür stellte ich eine schwere schadhafte Emailleschüssel – an vielen Stellen war ein schwarzer Grund sichtbar – auf einen kleinen Kocher.

Danach Schularbeiten. Die vernachlässigte ich zunehmend. Als die blauen Briefe eintrafen, fälschte ich die Unterschrift meiner Mutter.

Die meiste Arbeit galt unserer Versorgung: Kartoffeln nachlesen, Holz und Rüben klauen. Die Zuckerrüben verkochte meine Mutter zu Sirup.

Im Herbst suchte ich Blaubeeren und Pilze.

Wir Schüler mussten auch für Hagenbecks Tierpark Eicheln, Schafgarbe und Bucheckern lesen. Wenn wir fleißig waren, schenkte man uns eine Freikarte.

Manchmal konnte ich Blumen an ein Geschäft verkaufen.

Ich holte sie von den Wiesen und band sie zu kleinen bunten Sträußen.
Irgendwann kam mein Stiefvater aus britischer Gefangenschaft. Frisch entnazifiziert, wartete er auf seine Wiedereinstellung in den Staatsdienst. Er fand es nicht standesgemäß, Holz oder Kartoffeln zu klauen, hatte aber nichts dagegen, wenn ich es tat. Seine Wiedereinstellung ließ nicht lange auf sich warten.
Aber da war ich schon weg.
Sarah streicht ihren Rock glatt und steht auf.
Aber jetzt kann ich sie nicht schonen. Ein paar Fragen muss sie mir unbedingt noch beantworten.

»Was soll das heißen: ›Da war ich schon weg?‹«
Ich hielt das alles nicht mehr aus und verabschiedete mich.
Meine Mutter reagierte beleidigt. Dann geh doch, sagte sie.
Sie gab mir nichts mit. Nicht einmal ein Handtuch.
Nichts.
Und ich ging.

»Wie alt warst du zu diesem Zeitpunkt? Wohin bist du gegangen?«
Sarah setzt sich wieder.
Ich war fünfzehn Jahre alt. Ich bin nach Hamburg gegangen.
Ich hatte ein bisschen Angst, aber es war auch aufregend.
Ein Aufbruch. Ein Anfang.

»Und wovon hast du gelebt?«
Mein leiblicher Vater zahlte unregelmäßig eine kleine Miete für ein Zimmer. Er hatte in der Nähe von Hannover

bei einem kunstliebenden Gutsbesitzer unterkommen können.
Ich ging auf die Berufsschule. Dort freundete ich mich mit einem Mädchen an, das wohlhabende Eltern hatte. Sie schenkte mir einmal in der Woche ein großes Netz mit Lebensmitteln.
Irgendwie brachte ich mich durch. Es war ein ganz anderes Lebensgefühl, ich könnte auch sagen: Überlebensgefühl. Streng gegenwärtig an den Augenblick gebunden. Es zählte nur dieser und vielleicht noch der nächste Tag.
In der Berufsschule lernte ich den Mann kennen, den ich später geheiratet habe. Er sollte zum Verlagsbuchhändler ausgebildet werden. Ich erhielt eine Lehrstelle in einer Kunsthandlung am Gänsemarkt. Mit Kunst hatte das nichts zu tun. Meine Aufgabe bestand darin, im Keller die Etiketten von Versandrollen abzulösen.
In der Mittagspause belegte die Besitzerin des Geschäfts jeden Tag die beiden gebutterten Hälften eines Brötchens dick mit Krabbensalat.
Ich starrte auf das Brötchen. Ich konnte meinen Blick nicht wenden.

Sarah steht auf. Ihre Bewegungen sagen mir, dass sie jetzt nicht mehr reden mag. Ich hätte gerne weitergefragt.
Ihre Schilderungen wirken nach. Und plötzlich schiebt sich mir ein Bild vor die Augen.
Ein tanzendes Mädchen auf nächtlicher Straße. Verloren.

Westberlin in den siebziger Jahren. Die vielen Kneipen. Keine Sperrstunde. Künstler und Intellektuelle, meist in Rudeln, fanden sich in den fortgeschrittenen Abendstunden, um sich selbst und umeinander kreiselnd, in den jeweils favorisierten Lokalen ein. In allabendlichen Rundtänzen.

Sarah gehörte zu keinem Rudel. Aber auch sie verabredete sich von Zeit zu Zeit mit Freunden in solchen Lokalen.

Für mich, die Besucherin, war das nicht die reine Freude, vor allem dann nicht, wenn sich diese Treffen bis in die Morgenstunden zogen – und das taten sie eigentlich immer.

(Ich bekenne mich zu meiner Nikotinsucht, aber der Alkohol kann mir nichts anhaben. Darin liegt keine Tugend, eher schon ein Unvermögen. Bevor ich richtig in Stimmung komme oder gar betrunken werde, wird mir übel.)

So saß ich »dabei«, Stunde um Stunde. Nach zwei Gläsern Wein ging ich über zu Kaffee und Wasser.

Im Fortgang der Zeit wurde ich zunächst immer wacher und dann immer müder. Die anderen aber, Sarah eingeschlossen, wurden mit jedem Glas munterer und lebhafter. Und auch betrunkener.

In diesen Jahren wurde noch heftig gesoffen und heftig geraucht. Beim Rauchen konnte ich mithalten, beim Trinken nicht. Aber ich blieb, um Sarah nicht zu kränken.

Nicht alle Betrunkenen neigen zur Selbstüberschätzung, aber viele schon. In diesem Stadium, da sie sich selbst sehr mögen, mögen sie die Nüchternen nicht. So sehr ich mich auch um Unauffälligkeit bemühte: Ich war ein Fremdkörper. Selbst bei Sarah war oftmals ein wenig Feindseligkeit.

Der Heimweg. Etwa um fünf Uhr. Ein Nieselregen.
Sarah stützt sich leicht auf meinen Arm. Sie hat eine kleine Schräglage. Wir befinden uns schon auf der Bismarckstraße, nur noch wenige Schritte von der Fritschestraße und dem Haus entfernt, in dem sie wohnt. Es ist kalt. Menschenleer. Nur in großen Abständen streift uns das Licht eines Autoscheinwerfers, in dem die feinen Regentropfen sichtbar werden.

Plötzlich stößt sie mich – zwar nicht grob, aber doch entschieden – von sich und beginnt zu tanzen. Zu ihrem Tanz singt sie einen italo-amerikanischen Schlager aus ihrer Jugendzeit. Sie kennt nur den Text des Anfangs und den des Refrains. Wo der Text fehlt, summt sie. Sie tanzt auf der Stelle im fahlen Straßenlampenlicht. Sie dreht sich im Kreis. Sie tanzt wie ein Kind. Ich sehe ihren schwingenden Rock, ihre schlanken Beine, und ich sehe, wie ihre schmalen Schnürstiefelchen tippelnd das Pflaster berühren.
Ich sehe ein vernachlässigtes kleines Mädchen tanzen.

Ich sah sie damals so, genau so, und ich war gerührt, obwohl ich die Geschichte ihrer Kindheit noch nicht kannte.
»Buonasera signorina … kiss me tonight.«

Und noch eine Erinnerung einer Erinnerung hat mir Sarahs Erzählung von dem Ende der Flucht ermöglicht. Die Zwangsunterbringung, von der sie sprach, erinnerte mich plötzlich an eine kurze Schilderung meiner Mutter.

Im Krieg hatte eine Bombe das Haus meiner Eltern in München komplett zerstört. Meine Eltern überlebten in dessen Keller mit Dackel. Mein Bruder war landverschickt. Sie fanden sich wieder evakuiert in Oberbayern. Dort bewohnten sie Räume in einem Umspannwerk. Ich kann mir nicht vorstellen, dass diese Wohnung sehr groß gewesen ist – leider gibt es jetzt nach dem Tod meines Bruders vor wenigen Monaten niemanden mehr, den ich fragen könnte. Auch das werde ich nicht mehr wissen können.

Meine Eltern haben ihre Verluste nicht beklagt, sie waren froh, überlebt zu haben.

Ich kam in diesem Umspannwerk zur Welt.

Es kann für meine Mutter nicht leicht gewesen sein, im Alter von dreiundvierzig Jahren in geschwächtem Zustand eine Hausgeburt überstehen zu müssen.

Sie hat nicht geklagt, hat mir gegenüber nie darüber gesprochen. Ich weiß nur aus den Erzählungen von Onkel und Tante, dass der Schnee meterhoch gelegen habe und dass an die Fahrt zu einer Klinik gar nicht zu denken gewesen sei und dass schließlich ein gleichermaßen evakuierter Arzt aus dem Nachbarort gekommen sei und geholfen habe.

Meine Mutter selbst hat gesagt, dass die Bauern sehr freundlich gewesen seien und ihr eine schön bemalte Wiege geschenkt hätten. Und dann hat sie noch erzählt, dass Soldaten der amerikanischen Besatzungsarmee in das Haus eingewiesen worden seien. Männer aus Hawaii. Die hätten einen exotischen Eindruck gemacht in dieser Tegernseer Dörflichkeit.

Ob sie denn keine Angst gehabt hätte vor den fremden

Leuten, hatte ich sie gefragt. Nein, hatte sie gesagt, die seien ihr sehr friedlich begegnet, und sie seien auch achtsam und liebevoll zu Kleinkind und Hund gewesen.

Selbsterziehung

Eine Freundin erkundigt sich nach dem Fortgang meines Buches.

»Das ist sicher nicht leicht«, sagt sie, »ein Buch zu schreiben über jemanden, der so nahe ist.«

Ich stimme dem zu. »Wie wahr«, sage ich (eigentlich geht das gar nicht, denke ich).

Die Freundin will es dabei nicht bewenden lassen. Sie will mehr wissen und legt einen Köder aus:

»In einem Ausstellungskatalog habe ich einmal gelesen, dass Sarah eine Autodidaktin ist.«

Sie sagt das im Klang einer Frage.

»Stimmt«, sage ich, und unvorsichtig füge ich an: »Und zwar in jeder Hinsicht.«

Damit habe ich natürlich die Schleusen geöffnet. Aber vielleicht will ich das. Möglicherweise reizt es mich, etwas Ordnung in die Sache zu bringen, indem ich mich zu einer kurzen lebensgeschichtlichen Deutung zwinge.

»Was heißt: in jeder Hinsicht?«, fragt sie erwartungsgemäß.

Ich referiere:

»Sarah hat durch ihre Eltern eine zwar nicht systematische, dafür aber intensive Schulung des Auges erfahren. Sie haben sie auch unterwiesen in den Grundtechniken der Malerei, und zwar schon sehr früh. Das Atelier ist ihre erste Umwelterfahrung, wahrscheinlich wurde sie dort sogar gewickelt und genährt.«

(Das hat Sarah so nie gesagt, aber ich stelle mir es jetzt bildhaft vor, während ich es der Freundin beschreibe.)

»Es war für sie wie das elterliche Wohnzimmer für andere Kinder«, füge ich vermutend an.

Ich fahre fort.

»Man könnte vielleicht sprechen von einer Erziehung zur Blickartistik. Das aber war es dann auch schon mit der häuslichen Unterweisung.«

(Jetzt raffe ich meine Beschreibung etwas.)

»Die Vorkriegszeit war geprägt von der Armut und dem Künstlerchaos, das der Vater verbreitete; die Kriegszeit von der Trennung der Eltern. Dann kam die Flucht. Schon in der Nachkriegszeit war sie mehr oder weniger auf sich selbst gestellt.

Die Mutter gab ihr keine Einweisung in die Konventionen einer zivilen Existenz, in die Alltagstechniken der privaten und öffentlichen Lebensbewältigung. In mancher Hinsicht war Sarah einem Wildwuchs überlassen worden.«

(Das mit dem »Wildwuchs« gefällt mir ganz gut.)

Ich fahre fort.

»Sarah hatte sich selbst erzogen. Ich habe Grund zu der Annahme, dass vieles in diesem Programm der Eigenedukation über die Beobachtung derer lief, die sie bewundern konnte.«

(Geht es noch geschwollener?)

»Eine heimliche Beobachtung aus den Augenwinkeln wird

das gewesen sein. Unter den Beobachteten waren wohl etliche mit Urteilskraft. Nicht nur auf dem Feld der bildenden Künste. Ich war, zum Beispiel, immer erstaunt über ihre ungewöhnlichen Literaturkenntnisse. Das war nicht das Übliche. Die Auswahl konnte nicht das Resultat einer Schulbuchlektüre sein.
Sie muss früh Instinkte entwickelt haben, wann sie ihre Aufmerksamkeit zuspitzen, wem sie eine erhöhte Achtsamkeit schenken sollte.«
(Ich bin unzufrieden mit meiner Beschreibung.)

Die Freundin ist nicht sehr beeindruckt. Ich kann ihr das nicht verübeln. Trotzig gestehe ich mir ein, dass meine Ausführung wenig sinnfällig war.

»Das wird vielen Kindern im und nach dem Krieg so oder ähnlich gegangen sein«, sagt die Freundin geschichtskundig.
»Ich hatte keine schwere Kindheit«, sage ich.
(Für eine Autorin ist dieses Geständnis nicht zuträglich.)
»Aber du warst schon als Kind oft krank«, sagt sie gutmeinend. Sie gönnt auch mir einen kleinen Tragikflor.
Ich bin salviert.

So ein Unsinn.
Krankheit adelt nicht.
Eine schwere Kindheit auch nicht.

Diesen Pfad muss ich verlassen. Ich bin keine Psychologin. Ich sammle nicht biographische Indizien für irgendeinen

Befund. Ich will nicht eine Wahrheit der Sarah Schumann ausstellen, ich will einzig meine liebe Freundin als Erlebnis meines Lebens erstehen lassen.

Zur Selbsterziehung fällt mir noch etwas ein. Manchmal bemerkte ich einen seltsamen Rhythmus in Sarahs Satzmelodie. In besonderem Maße, wenn sie die Ansage auf ihren Anrufbeantworter aufsprach. Da war eine winzige Pause, wo sie eigentlich nicht hingehörte, und da war ein rhythmischer Anlauf (Neustart) wie nach der Überwindung eines kleinen Hindernisses. Als ich ihr meine Beobachtung mitteilte, erklärte sie mir, dass sie als Kind zwar nicht schwer, aber doch unüberhörbar gestottert hatte. Ich fragte sie, wie sie das überwunden habe.
Ich habe es mir selbst wegtherapiert, sagte sie.

Das Haus in Borgomasino

Wenn Sarah von diesem Haus und ihrem Leben in diesem Haus sprach, schien mir das wie einem Film entnommen, einem Film im Stil des italienischen Neorealismus.

Ein stolzes Herrenhaus auf einem Hügel, umgeben von einem kleinen Park. So weit der Blick reicht, kein anderes Gebäude. Das Haus steht leer. Seit Jahrzehnten ist es nicht mehr bewohnt. Damals im Jahr 1963 richtete sich noch kein aus jungem Wohlstand erwachsenes Begehren auf alte leerstehende Villen in Italien, sicher nicht auf Villen im Piemont, schon gar nicht auf Villen in diesem bedenklichen Zustand. So kam es, dass sich – ungeachtet der Nähe zu Mailand – kein Käufer gefunden hatte und der Preis mit den Jahren stetig gesunken war.

In all dieser Zeit war das Haus dem Vandalismus preisgegeben. Bei vielen Raubzügen waren nicht nur entbehrliche architektonische Schmuckelemente, sondern auch Teile des Treppengeländers, viele Türen und nahezu alle Fensterläden entwendet worden (in den Lamellen der verbliebenen Läden nisteten Fledermäuse). Selbst die steinernen Vasen auf den hohen Torsäulen der herrschaftlichen Zufahrt hatten Plünderer heruntergeschlagen.

Es sprach sich herum: Das Haus war gekauft worden.
Im nächstgelegenen Dorf Borgomasino gingen die Gerüchte um. Eine junge Frau soll dort eingezogen sein.
Schön soll sie sein.
Eine Ausländerin.
Eine Tedesca.
Nein, aus London soll sie gekommen sein.
Eine Künstlerin soll sie sein.
Ein Bengel, der sich in der Nähe herumgetrieben hatte, berichtet, dass sie bei ihrer Ankunft erstaunlich wenig Gepäck und Mobiliar bei sich gehabt habe.
Alleinstehend!
Seltsam.

Tatsächlich: Die junge Frau war mit wenigen Möbeln und einem Koffer aus London gekommen. Dort hatten sie Freunde, die in Mailand lebten, besucht. Sie hatte ihnen gestanden, dass sie kaum noch eine Möglichkeit sehe, im zunehmend teuren London ihr Leben zu finanzieren.
»Komm doch nach Italien«, hatten die Freunde munter gesagt. »Das Leben ist billig, und du kannst für wenig Geld ein Haus auf dem Land kaufen.«
Schon war der Umzug beschlossen. Aus dem Stand.
Ausbruch. Aufbruch. Weg und Weiter.
Verbrannte Erde.

Bald darauf fuhr sie mit den Freunden in der Umgebung von Mailand umher auf der Suche nach einer bezahlbaren Unterkunft.

Schließlich entschied sie sich zu ihrem Unglück für dieses alte einsam gelegene Gebäude, ein Gebäude ohne Heizung, ohne Anschlüsse an die Strom- und Wasserversorgung.
Freistehend. Keine Nachbarn!
Das war ausschlaggebend.
Man hat sie gewarnt.
Die Erweckung dieser ramponierten Villa zu altem Stolz sei nicht zu schaffen, hatte man ihr gesagt.

Sie aber war entschlossen, ihr die Bewohnbarkeit und Wohlgestalt zurückzugeben.

Hat sie wirklich geglaubt, dass sie das schaffen könnte?
Ja.
Sie folgt hochmütig einem Traum.
Sie hat geglaubt, sie könnte dem erwählten Haus zu neuer Würde verhelfen.
Und sie hat geglaubt, sie könnte sich als Gesetzgeberin ihrer selbst in dieser »Villa Einsamkeit« kunstvoll neu erstehen lassen.

Sie hat sich mit Elan an die Arbeit gemacht, hat keine Mühe gescheut, hat versucht, die verdreckte Zisterne, die lange Zeit ohne Abdeckung jeder Witterung ausgesetzt war, zu reinigen und in Gang zu setzten, hat im Haus geräumt, geputzt und repariert, was ihr zu reparieren möglich war, hat die Wände geschlämmt und in ihrem Schlafzimmer eine Bordüre geschaffen und mit Goldbronze verziert, hat sogar geschweißt und gelötet im Bemühen, die kleine

leergeräuberte Kapelle in ein Badezimmer zu verwandeln, hat vergeblich um einen Anschluss an das allgemeine Stromnetz ersucht. Auch vor dem Haus hat sie gewirkt, hat gegraben, gejätet und gepflanzt. Tagelang, wochenlang hat sie unter hartem Körpereinsatz geschuftet, stehend, liegend, hockend, auf Knien und auf Leitern. War völlig erschöpft nachts auf ihr Lager gesunken.
Ein völlig aussichtsloser Kampf.
Versteht sich.

Das wussten auch die Dorfbewohner.
Ob sie denn keine Angst habe so allein in dem großen Haus, wird sie gefragt von der alten Gemüsehändlerin, bei der sie regelmäßig kauft. Nein, sie habe keine Angst, war die Antwort. Wahrheitsgemäß.
Der streunende Dorfbengel behauptet, gesehen zu haben, wie sie nachts bei Kerzenlicht durch das Haus irrt.

Wer ist diese Frau?
Eine Hexe? Dafür sprechen die roten Haare.
Eine Spionin? Dafür spricht ihre Verschlossenheit.
Eine Wahnsinnige? Das ist naheliegend und auch nicht ganz falsch.

Ein Wahn: Die Frau die Villa und die Kunst.

Die Villa, eine Schönheit, der nie zuvor eine Modernisierung gegönnt worden war, hat es ihr nicht gedankt.
Zu alt, zu groß, zu mürbe.

Aber das will die hochmütige junge Frau nicht sehen. Noch nicht.

Zuweilen fährt sie nach Mailand. Hat auch ein paar Aufträge für Buchumschläge. Während der ganzen Zeit arbeitet sie parallel zu ihren handwerklichen Strapazen an Collagen zu Rafael Albertis Engelgedichten.

Die Bauern der Umgebung begegnen ihr feindselig. Sie beklauen sie. Sie reißen heraus, was sie pflanzt. Aber da wächst ohnedies nicht viel, weil die Landleute in einem Furor der Unkrautvernichtung flächendeckend Kupfervitriol versprühen, das sich bläulich über die Lande legt.
Der Dorfstreuner wagt sich immer näher heran. Dreist lungert er vor ihrer Tür, steigt auf Kisten und glotzt in die Fenster.

Wassernot. Die Zisterne ist weiterhin schadhaft. Sie muss Handwerker ins Haus lassen. Die bauen ihr eine große Wanne aufs Dach, die bei starkem Regen überläuft, so dass das Wasser durchs Hausinnere rinnt. Die betrügen sie. Maßlos überhöhte Rechnungen (gegen jede mündliche Vereinbarung), die sie zahlt, weil eine Drohung durch die Zahlen schimmert.
Bald wird es kälter. Sie friert. Sie schiebt ihr Bett an den großen mannshohen Kamin im Salon. Die einzige potentielle Wärmequelle im Haus. Es fehlt an Brennbarem.
Sie verheizt ihr Mobiliar. Bis auf einen Sessel. Im Kaminfeuer verglühen jetzt schon Erinnerungen an die Londoner Zeit.

Ihre Ersparnisse sind verbraucht.
Ihre Kräfte auch.
Sie will nicht aufgeben.
Noch nicht.

Aber sie ahnt jetzt ihr Scheitern. Um sich abzulenken, macht sie einen Spaziergang.

Dann der Schrei.
Noch im weit abgelegenen Dorf ist ihr Schrei zu hören.
Das reine Entsetzen.
Verrückte Tiere verstellen ihr den Weg. Kaninchen, mit rotunterlaufenen, hervorquellenden Augen, deformierten Körpern taumeln ihr entgegen und kippen zur Seite weg. Überall am Weg und im Weg liegen aufgedunsene Kadaver.
Sie schreit.
Sie rennt in das Haus.
Sie bricht zusammen.

(Eine Tierseuche, aber das kann sie nicht wissen.)

Kaum dass sie sich ein bisschen erholt hat, sendet sie brieflich einen Hilferuf an einen Sammler in Hamburg. Der scheint ihre Gefährdung erkannt zu haben, jedenfalls ist er mit einem Freund in dessen VW-Bus umgehend nach Erhalt ihres Schreibens in vielen Stunden zu ihr gefahren, hat sie und ihre wenigen verbliebenen Habseligkeiten eingesammelt und ohne jede Unterbrechung nach Hamburg verbracht.

Dort kann sie vorübergehend bleiben.
Die Miete: ihre Bilder.

1968 kam sie nach Berlin.

Vor vielen Jahren schenkte mir Sarah eine Mappe mit eindrucksvollen Radierungen. Inmitten einer wilden Linienführung entzifferte ich den Satz: »Sarah will keine Mittelchen mehr nehmen.« Als ich sie fragte, was es damit auf sich habe, sagte sie: *Da war ich in Bonnies Ranch.*
??
Sie erklärte. So hätten die Berliner die Karl-Bonhoeffer-Nervenklinik genannt. Sie habe sich dort nach einem psychischen Zusammenbruch eine Weile (?) aufgehalten. Zu ihrem Glück habe in hoher Position ein kunstliebender Arzt gearbeitet, ein Freund von Schröder Sonnenstern, der zu gleicher Zeit auch behandelt wurde. Dieser Arzt habe ihr ermöglicht, Kaltnadelradierungen zu erstellen. Das sei nicht selbstverständlich gewesen, denn der Besitz so scharfgespitzter Gerätschaften, wie die dafür notwendigen Stichel, sei eigentlich streng verboten gewesen.

Auf eine weitere Nachfrage sagte sie mir nur noch, dass sie sich in der Zeit zuvor wohl etwas zu viel zugemutet hätte.
Die Antwort auf diese Nachfrage fiel schon etwas unmutig aus, so dass ich das Fragen einstellte.

Aber ich konnte damals schon sehen, auch ohne die vorangegangenen Ereignisse zu kennen, dass diese Arbeiten unter großem seelischen Druck entstanden waren.

Bekehrung

Als Sarah nach ihrem italienischen Schiffbruch in Berlin strandete, waren es hauptsächlich Frauen, die ihr halfen. Da wurde sie eine Feministin.

Nachspiel

1978 erhielt Sarah ein Stipendium, verbunden mit einem Aufenthalt in der Villa Massimo in Rom.

Auf dem Weg dorthin, so hatte sie arglos geplant, wollte sie die Reise für eine Nacht in der Villa bei Borgomasino unterbrechen. Und so geschah es dann auch.
Die Villa gehörte zu dieser Zeit einer Freundin. Ihr hatte Sarah das Haus weiland gewinnfrei verkauft. Die hatte es – finanziell weitaus besser gepolstert als Sarah – in dem folgenden Jahrzehnt in einen zumindest bewohnbaren Zustand gebracht.
Sarah wollte die Freundin wiedersehen (zu der Villa zog es sie nicht). Außerdem, das sprach auch für diesen Abstecher, war die Strecke Berlin – Rom mit dem Auto an einem Tag kaum zu schaffen, schon gar nicht für Sarah, die sehr ungern (und sehr schlecht) fuhr.
Nur für einen Abend, eine Nacht und den anschließenden Morgen wollte sie sich in der Villa aufhalten. Was sollte schon sein?
Als Sarah am Abend eintraf, fand sie die neue Bewohnerin in geselliger Runde mit anderen (die Sarah nicht kannte) unter einer gewaltigen Marihuana-Glocke.

Nachdem Sarah mehrfach die angebotenen Joints abgelehnt hatte, fanden die derart Animierten es wohl lustig, ihr etwas von dem Glücksstoff ins Essen zu mischen.
Sarah geriet daraufhin in einen Horrorzustand. Dieser Zustand ist dokumentiert.
Sie muss die halbe Nacht damit verbracht haben, einen vielseitigen Notbrief an mich zu schreiben. Die Schrift gefährlich verzerrt, kaum lesbar. …
Ich entziffere: eine tiefe Verstörung.
…

Der Brief, der einige Tage später bei mir eintraf, erschreckte mich. Hochgradig. (Eine Kurzfassung ihrer Borgomasinoerlebnisse kannte ich inzwischen.)
Zumal sie mich bat, den Brief gleichsam als Fallbeschreibung an ihre Berliner Ärztin weiterzuleiten.
Und auch das war alarmierend:
In dem Brief stand, dass sie ungeachtet ihres Zustandes gleich am folgenden Morgen die Villa fluchtartig verlassen und nach Rom aufbrechen wolle. Mit dem Auto!

Aber dann hat sie es doch unfallfrei bis nach Rom geschafft. Irgendwann haben wir telefoniert. Ich weiß nicht mehr, ob ich sie nach einigem Bemühen endlich in der Villa Massimo erreicht habe, oder ob sie mich anrief. Jedenfalls verabredeten wir, dass ich so bald wie möglich zu ihr fahren sollte. Ihrer Stimme, ihrer Sprache und dem, was sie sagte, konnte ich entnehmen, dass sie sich beruhigt hatte.

Am 1. Januar 1979 frühstückten wir, sanft gewärmt von der römischen Sonne, unter einem Orangenbaum.
Das war schön.

Tirade: Die uferlosen Flüsse

Sarah und ich gehören zu einer aussterbenden Spezies.
Wir spüren es an vielen Fronten. Dass viele Jüngere – vielleicht ohne ihr Wissen – auch dazugehören, ist uns weder Trost noch gar Triumph.
Die Begriffsüberdehnungen zeigen es an.
Die Überdehnung des Kulturbegriffs.
Die Überdehnung des Kunstbegriffs.
Mode ist Kunst, Kochen ist Kunst, Frisieren ist Kunst …
Wenn jedwedes, das erstellt wurde, Kunst sein kann, gibt es keine Kunst mehr.
Wenn jedwedes, das verfasst wurde, Literatur sein kann, gibt es keine Literatur mehr.
Wenn jedweder ein Künstler ist, gibt es keine Künstler mehr.
Wenn jedweder ein zuständiger Kunstkritiker ist, gibt es keine zuständigen Kunstkritiker mehr.
Vielleicht ist das einem Gefällt-mir-Plebiszit, das keine Demokratie mehr sein wird, angemessen.
Vielleicht ist das die Spielform, die in einer Diktatur der Konzerne die Illusion der Freiheit nährt.

Das aber ist unsere Sorge nicht mehr.
Wer hätte das einst gedacht?

Silvia ist eine Tiradeuse, und ihre Tiraden werden immer apokalyptischer, sagt Sarah zu Ulrike Schiedermair.
»Ich bin sicher, dass es das Wort Tiradeuse nicht gibt«, sage ich schlechtgelaunt.
»Das Wort gefällt mir«, sagt Ulrike.
Gibt es ein Urheberrecht auf Wörter?, fragt Sarah gutgelaunt.
Daraus wird kein Konflikt erwachsen.

Wer hätte das einst gedacht?

Wir sind beide nicht harmoniesüchtig, wie so viele, die in der ständigen Angst vor einem endgültigen Bruch und vor der Einsamkeit lebenslang harte Paarkompromisse eingehen müssen. Es durfte auch mal krachen, es durfte auch mal laut werden, wenn es nötig war oder auch nur nötig zu sein schien.
Aber es ist nicht mehr nötig. Unser Zusammenleben ist weicher geworden. Konflikte sind selten, sind schon im gleich folgenden Augenblick ohne Bedeutung und sind schnell vergessen. Keine erträgt den Groll der anderen über einen längeren Zeitraum. Keine will einschlafen im Groll.
Wer hätte das einst gedacht?

Manchmal gelingt es mir sogar, ein Sarah-Gesetz aufzuweichen: Seit kurzem gibt es bei uns zwei Untertassen.
Wer hätte das einst gedacht?

Dann fängt noch einmal etwas ganz Neues an, sagte meine liebe Sarah, als wir beschlossen, auf die alten Tage gemeinsam in Berlin eine Wohnung zu beziehen.
Das war zukunftsfroh gesagt. Es hatte nichts von Abbruch

oder verbrannter Erde. Da war noch einmal ein guter Schwung auf die alten Tage.

Das war vor zwölf Jahren.

Wir sind älter geworden.

Wir sind schwächer geworden.

Ich bin kränker geworden.

Über die Seele im Zeitalter der ersten digitalen Revolution

oder: Von den Ängstlichkeiten einer alten Frau.

Ich schreibe dies liegend auf meinem Arbeitsbett. Auf den Regalen gegenüber stehen Bücher. Ich werde nicht mehr in ihnen lesen, nicht mehr mit ihnen arbeiten. Vermutlich wird es auch kein anderer mehr tun. Tapete nur noch.

Ich schreibe dies auf einem Computer.
Ich schreibe dies im Wissen von der Verwundbarkeit der Zivilisation, in der ich aufwuchs und in der ich lebte.
Ich schreibe dies in einer Zeit, in der sich sichtbare Kriegsvarianten mehren und in der die großen Cyberkriege schon vorbereitet werden.
Ich möchte das nicht noch erleben. Ich möchte nicht, dass meine liebe Sarah das noch erleben muss.

Hilfsmittel

Ich schreibe dies auf einem Computer. Es ist erfreulich, dass es Computer gibt. Mit der Hand kann ich nicht mehr schreiben. Auch die harte Tipperei auf einer Schreibmaschine fiele mir zu schwer.

Mein Großvater mütterlicherseits litt auch an Multipler Sklerose.

Da sind wir im auslaufenden 19. Jahrhundert. Er soll schön und eitel gewesen sein. Als er sich nicht mehr elegant bewegen konnte, soll er das Haus nicht mehr verlassen haben. Er ist früh gestorben. Ich habe das alles erst nach dem Tod meiner Mutter erfahren. Zufällig. Wie gesagt, sie hat nie von ihm gesprochen. Beinahe hätte ich es nicht wissen können.

Das habe ich mich oft gefragt: Was hat der arme Mann den ganzen Tag getan, ohne Computer, ohne konservierte Musik, ohne Rundfunk, ohne Television, ohne Telefon, ohne Internet? Ohne all die Hilfsmittel, die mir heute mein Leben erleichtern.

Ich finde erfreulich, dass es schon Petroleumlampen gab. So hatte er, verglichen mit dem schöneren Kerzenschein, eine bessere Beleuchtung, wenn er an trüben Tagen oder abendlich oder nächtlich las.

Jetzt

Vor ein paar Tagen fragte ich Sarah:
»Du hast mir erzählt, dass du nach der Flucht immer wieder gescheitert seist, im Versuch anzukommen. Ist es dir später irgendwann gelungen?«
Ja, sagt sie, *jetzt, hier mit dir.*
Ja, wahrhaftig, ich schwöre, bei allem, was mir heilig ist, das hat sie gesagt.
Es macht mich glücklich.

Schluss

Ich habe mich einige Male mit dem Alter und dem Weg dorthin befasst – mag etwas davon Bestand haben oder auch nicht –. Jetzt aber, jetzt, etwas verspätet, kenne ich den Moment, da ich wahrhaftig alt geworden war. Es war der Moment, in dem ich inmitten eines spürbaren Zeitenbruchs mit Sicherheit wusste, dass meine Welt, mein Europa und all das daran, das ich liebte, vergangen ist, unwiederbringlich verloren. Es ist nicht so, dass mir die neue Welt, in der ich jetzt noch überdauere, völlig fremd wäre, auch hätte ich genug geistige Leistungskraft, mich in einige erforderliche Usancen und Könnerschaften der Technologie einzuwühlen. Da ich aber darin keine Eleganz und keine Poesie und am wenigsten einen Trost für das Leiden der Kreatur zu sehen vermag, werde ich das nicht tun.

Das aber, was mich in dieser neuen fremden Welt noch hält, hat einen Namen:

Sarah Schumann.

sich von unten von oben sehen. 1960. 34,6 x 50,8 cm

ANHANG I

Über die Malerin Sarah Schumann

Auf dem Bild, das meine Freundin Sarah Schumann von sich hat, ist sie Malerin. Das vor allem. War sie für längere Zeit aus wichtigen oder nichtigen Gründen von der Arbeit abgehalten, so wurde sie unruhig. Sie ist – wie ich finde zu Recht – stolz darauf, sich als freie Künstlerin mit eigener Kraft über Wasser gehalten zu haben. (Jenseits der Cliquen, jenseits der Märkte, jenseits der Moden.) Zeitweise war es eng.

In einem Buch, das ihr gilt, muss von ihrer Kunst, der sie sich so leidenschaftlich verschrieben hat, die Rede sein.

Häufig, wenn eine Einzelausstellung ihrer Bilder anstand, bat sie mich, auf der Vernissage eine kleine Rede zu halten.

In der Hoffnung, dass diese Reden wenigstens einen kleinen Eindruck von der Vielfalt ihrer künstlerischen Arbeit in den letzten dreißig Jahren geben, habe ich mich entschlossen, sie diesem Buch anzuhängen.

Portrait Silvia Bovenschen. 1998. 171 x 128 cm

Porträts

Sarah Schumanns Porträts sind eine malerische Entsprechung unserer Gedächtnis-Bildnisse. Sie sind die gemalte Blickerinnerung; ein Gleichnis der Bilder, die wir von geliebten, aber abwesenden Menschen in uns tragen: Chiffren einer bestimmten Individualität, die diese Bestimmbarkeit jedoch allenfalls für kurze Augenblicke aufweisen; Details einer vertrauten Erscheinung, die unversehens scharf aufleuchten, um gerade in dem Moment, in dem wir glauben, ihrer habhaft werden zu können, zurücksinken in eine dunkle Unbestimmbarkeit. »Ja, das ist wahrhaftig ihre Hand!« Aber diese visuelle Wahrhaftigkeit ist nicht justiert. Sie markiert in ihrem Wechsel zwischen überscharfer Kontur und Schemenhaftigkeit unsere heiklen Versuche, einen Menschen in seiner Einzigartigkeit zu vergegenwärtigen, immer changierend zwischen innerer Gewissheit und unfassbarer Flüchtigkeit. Dieser Modus der Wahrnehmung kennzeichnet Sarah Schumanns Porträts ganz unabhängig davon, ob es sich um frei gewählte Vor-Bilder oder Auftragsarbeiten handelt.

Es ist ihr gelungen, das Porträt von seinen psychopolizeilichen Wahrheitsansprüchen zu befreien. Diente das Portrait, das Porträt des bürgerlichen Menschen, die »authentische« Darstellung seines Antlitzes, doch lange dem Ansinnen, durch die Demonstration des Äußeren die vermeintliche Wahrheit über ein Inneres zu offenbaren. Dieses neuzeitliche Porträt war immer auch ein Akt identifikatorischer Überführungen. Der Blick des Porträtierten war gefangen in der überführenden Durchdringung des omnipotenten Malerpsychologen. Von dieser Porträtkunst hat sich Sarah Schumann im Versuch, das Genre wiederzuholen, gewissermaßen für sich zu retten, befreit. Ihre Menschenporträts aus letzter Zeit erinnern in manchen Zügen an ältere vorbürgerliche Modelle der Porträtkunst, an Menschenbildnisse aus jenen Zeiten, als man in der Absicht der Repräsentation, die Würde des äußeren Anscheins wahrend, die Porträtierten einließ in das, was sie atmosphärisch umgab: sie zeigte mit den Werkzeugen ihrer Profession oder den Insignien ihrer Macht. Solche Zugaben haben aber auf den Schumann'schen Porträts nicht länger die Funktion einer Festlegung, sie eröffnen vielmehr das freie Spiel der Assoziationen. Die Porträts bringen den porträtierten Menschen in den Raum all seiner Möglichkeiten: Das Bildnis hat nicht den Anspruch, das letzte Wort zu seiner Erscheinung zu sein, es fingiert nicht die endgültige Bestimmung einer Individualität. Es wird nicht insinuiert: So ist dieser Mensch, allenfalls: So ist er vorstellbar, so könnte er einmal sein, gewesen sein, einmal werden. Es ist möglich, ihn so zu sehen. Damit findet Sarah Schumann zu einer neuen Form des visionären Porträts. Sie malt den *einen* Moment, in dem wir einer visuellen Vergegenwärtigung gewiss sind; und zugleich wissen, dass diese innere Gewissheit nicht einklagbar ist; sie ist nicht dogmatisierbar, sie entzieht sich schon im gleichen Moment wieder der Deutung, sie bleibt im Geheimnis, das ein Mensch für den anderen ist und sein soll, befangen. Die Porträts Sarah Schumanns setzen die Geheimschrift, die eine Person für eine andere auszeichnet, ins Bild.

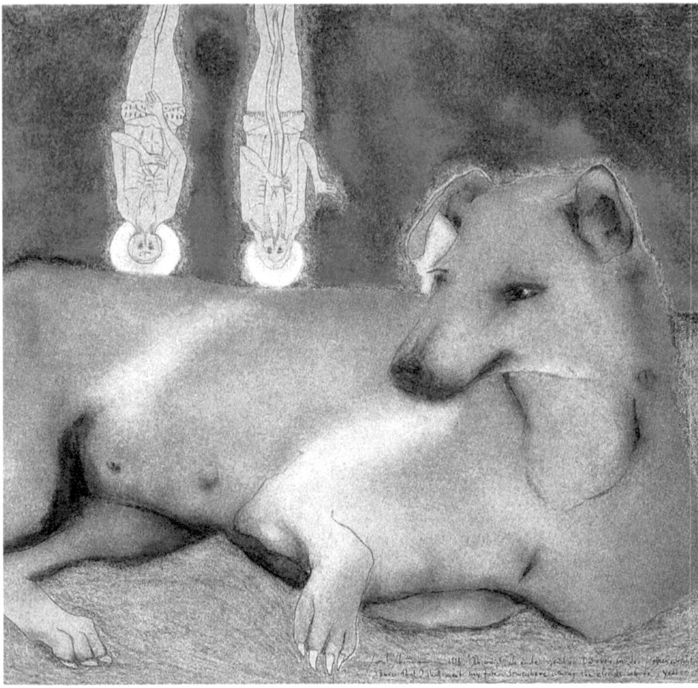

»ich weiß, ich ende irgendwo da oben in der Wolkenschicht« (Yeats). 1998. 54 x 63 cm

Weltenwechsel

Sie ist nicht neu, die Idee des Weltenwechsels. Blinde Spiegel, unsichtbare Türen, grundlose Wässer, lodernde Feuerwände, gewittrige Aufladungen galten der menschlichen Einbildungskraft zuweilen als Möglichkeit eines Transits in eine parallele Welt, ins ganz Andere, ins Reich des Guten oder des Schönen oder des Undenkbaren.

Raumzeitliche Risse – ein bisschen Romantik – ein bisschen Science-Fiction – und dies und das –, wie schnell ist es ausgedacht, und doch führt es an die Grenzen dessen, was dem menschlichen Geist zugänglich ist: eine bessere aller möglichen Welten zu veranschaulichen, eine, in der alle Kreatur versöhnt ist und ist, was sie ist.

Solchen Phantasmagorien sind die Wölfe und ihre parallel existierenden Nachfahren, die Hunde, auf Sarah Schumanns Bildern nicht verpflichtet, aber ein bisschen spielen wollen sie schon noch mit deren Stoffen und Formen.

Unsere Geschichte, die Geschichte unserer Ideen, unserer Bilder, ist nicht ihre Geschichte – oder doch nur zum kleinsten Teil, dort, wo wir sie hineingezwungen haben in unsere Zivilisationen, als wir den Hund machten. Daher sind sie erprobt im Grenzübertritt, artistisch im Wechsel etwa dem zwischen Natur und Kultur: *Dort! zwischen 2 Gestirnen das Trapez* (Bildtitel).

Wolf und Hund, Isegrim und Lumpi – das, was sie wurden – das, was sie immer noch sind: naturbelassener Wolf, vom Menschen geformter Hund. Naturgeschichte und Kulturgeschichte. (Auf diesen Bildern werden sie wieder eins, orbital aufgehoben.) Die Hunde haben es sich nicht gewünscht, sie wurden zugerichtet von uns und haben gelernt von uns und gingen mit uns eine lange Strecke.

Jetzt aber, da sie mit ihren Vorvätern, den Wölfen, zu dem Schluss kamen, dass uns und ihnen hienieden nicht mehr zu helfen ist, kommen sie unserer Welt abhanden.

Jetzt gehen sie ihrer Wege.

Das künden die Bilder: Wir sehen sie, Wolf und Hund, auf einem weiten Weg:

Aufbruch – Ausbruch – Auszug

Wir sehen sie bei ihrem Ausgang aus einer von uns verschuldeten Vorstellungsenge – vielleicht – die Bilder legen es nahe – in das, was die Menschen sich Schönheit zu nennen gewöhnt haben.

Sie sind nicht frivol, die Grenzgänger. Der Abschied fällt ihnen nicht leicht. Es ist auch eine Wehmut, fast schon ein Schmerz in den Bildern.

Vielleicht aber – wir befinden uns im Reich der Vermutungen – gründet der Eindruck des Schmerzes auch darin, dass die Besten unter uns Menschen die Schönheit mit dem Schmerz verbunden wussten. Die Heiligengraber: so haben sie sich bezeichnet. Sie haben sich, im Bemühen, uns verständlich zu sein, benannt nach jenen Frommen, die vormals auch auszogen, um einen Ort des Heils zu finden, *Die Heiligengraber auf dem Weg zum Glück*, so lautet ein Bildtitel. Damit die Sache nicht zu heilig wird, zeigt sie uns die Künstlerin, wie sie ganz irdisch noch am Futter interessiert sind. Aber dem Allzuheiligen haben sie selbst schon vorgebeugt – mit einem anderen Bildtitel bezeichnen sie sich etwas halbstark als *Giganten.*

Vielleicht haben sie etwas Gutes von uns eingepackt: Empathie, das Erbarmen mit dem Leiden der Kreatur, unser Schaudern, unsere Trauer, die Poesie und die Idee der Schönheit. Uns, den Zurückbleibenden, ist der schlichte Zugang zu ihr verstellt, wir müssen dieses Gepäck ins Katastrophenbewusstsein heben.

Ja, sie blicken zurück auf unser Glück und unser Leid und haben beides hineingenommen in die Formen und die Linien.

In die Linien, die ihnen noch einmal, ein letztes Mal, eine für das menschliche Auge und Hirn sinnfällige Gestalt geben – eine blasse Kontur nur, zum Verschwinden bestimmt.

Viele von ihnen sind nur mehr Schemen, weisen schon eine beängstigende Durchlässigkeit auf.

Verschmelzung – Auflösung – Auslöschung

Sie scheinen sich aufzulösen in die Farben und Formen ihrer Umgebung.

Nach Maßgabe des gewohnten Sehens handelt es sich bei dieser Umgebung wohl um Landschaften – ein wenig gemahnen sie an die scheinbar von jedem historischen Einschlag verschonten Gebiete unseres Planeten, an die Wüsten und arktischen Eisfelder, ein wenig erinnern sie auch an die Aufnahmen von anderen Planeten, wie sie die

Raumfahrt lieferte – und sind dann doch ganz anders: sehr viel schwebender, sehr viel zarter und auch sehr viel gefährlicher.
Und so ziehen die Tiere durch Orbitstürme hindurch, alten Schönheitslinien folgend, vorbei an erhabenen Formationen, vorbei an weltlichen Blumen und Baumsilhouetten (tellurischen Zitaten gleich), vorbei an Monden und Sonnen hinein ins reine verflüssigte Pigment.
Eine unnatürliche Natur sehen wir, eine, nach deren Gesetz Aufbruch und Ankunft zeitgleich sind. Der Zug der Tiere scheint nicht mehr gebunden an das Kontinuum der von uns gekannten Zeit. Ein Paar, *Cecilia und Markie*, plant eine gemeinsame Zukunft in unterschiedlicher Richtung.
Was könnte das für eine Natur sein? Eine ohne das Elend des Werdens und Vergehens, des Fressens und Gefressenwerdens? Es ist zu vermuten, dass solche Vorstellungen einer befriedeten Natur noch zu nahe am Gekannten siedeln. Sie sind nur deren bloße Negation. Sarah Schumanns Bilder fordern hier größere Anstrengungen. Das ist nicht Arkadien, was hier aufscheint, im Gegenteil, es ist Milchstraßen entfernt von unseren Idyllen. Unser Sehen muss auskommen ohne das Netz der bekannten Verknüpfungen, muss akzeptieren, dass das Dichte durchlässig ist und das Transparente keine Durchblicke gewährt.
Freundlicherweise klären die Bildtitel ein wenig über die Route auf. Das Sehnen der Wölfe und Hunde kennt offensichtlich Endstationen: *Und im Morgenrot werden wir einziehen in leuchtende Städte*, und es kennt auch profane Zwischenstationen: *Hallo, da lang zur Eisrevue*, und im

Vorübergehen bleibt noch Zeit für eine archaische *Mäusejagd.*

Und so folgt ihnen die malende Phantasie an die Grenze zu einem unbekannten Universum der Farben, Formen und Linien, um noch einmal an das zu rühren, was einst die genuine Aufgabe der Kunst sein sollte: die Evokation von Schönheit, und um noch einmal, vor dem endgültigen Übertritt, alle Reizungen und Rührungen – Schrecken und Liebe – hervorzurufen, die der Wirkmöglichkeit von Kunst zugesprochen worden waren.

Während aber dieser Übertritt den Tieren anscheinend mühelos gelingt, ist er der Kunst gefährlich. Im Rekurs auf diese Gefahr, die die Bilder auch ausstellen, blamieren sie sowohl die, die geschichtsblind glauben, Schönheit auf kurzem Weg erschleichen zu können, als auch jene, die hyperkritisch selbst noch die Sehnsucht nach der vollkommensten Zusammenstimmung, wie man Schönheit einmal definierte, denunzieren wollen.

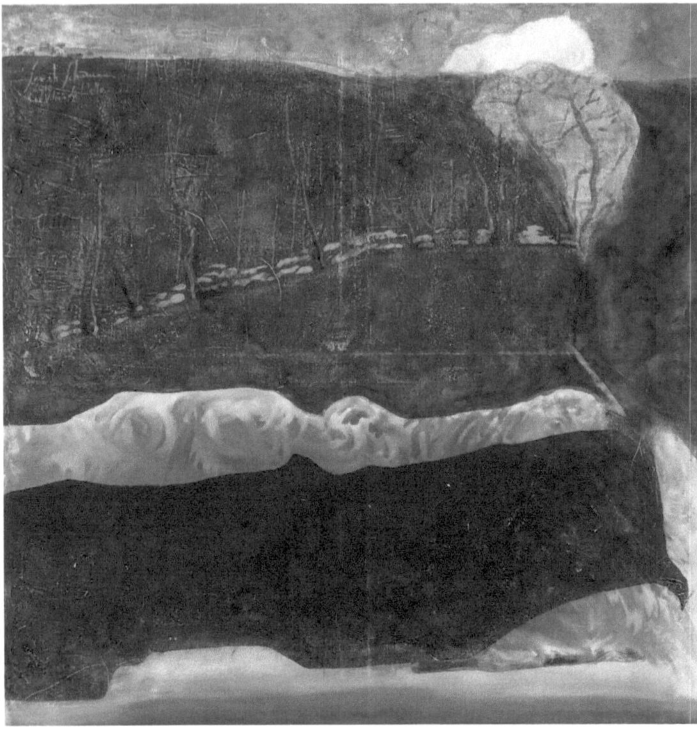

Der Vilm + die Welle. 2010. 100 x 100 cm

Verkündete Landschaften

Es muss irgendwann Anfang des Jahres 2006 gewesen sein, als Sarah Schumann meinen Arbeitsraum betrat, gemessenen Schrittes auf mich zukam und verkündete: *»Ich werde mich zukünftig mit der Landschaft beschäftigen.«*

Ich habe während der über dreißig Jahre, die wir uns kennen, schon etliche Verkündigungen dieser Art erlebt. Sie fanden statt an großen Schaltstellen ihres Schaffens. Und abermals war ich beeindruckt. Nicht nur weil mich Verkündigungen immer beeindrucken – man hat das in unserer glaubenskalten Zeit nicht mehr so oft –, sondern auch durch die beseelte Entschlossenheit, mit der Sarah Schumann immer wieder zur Entdeckung neuer künstlerischer Kontinente aufbricht. Gleichzeitig aber beschlich mich eine leise Unruhe. Bei den Bildern, die fortan unter dem Dach dieser Verkündigung und dem unserer gemeinsamen Wohnung entstünden, würde sie immer mal, während eines meiner Atelierbesuche, eine Meinung einfordern, wissen wollen, was ich von den jeweils neuen Bildern hielte.

Am besten ich gestehe ihr gleich, so dachte ich, dass ich von der künstlerischen Landschaftsaneignung nichts verstehe. Von Landschaft generell nicht. Nicht theoretisch. Nicht akademisch, nicht einmal in der trivialen Form touristischer Schaulust. Das Ah und Oh beim Durchschreiten von Tälern und Höhen war meine Sache nie. Manchmal fand ich einen Ausblick, den ich liebte, ich verharrte dann für eine Weile auf der Stelle. »*Ich verstehe nichts von Landschaften*«, sagte ich, auf Absolution hoffend.

»*Das ist nicht in Ordnung*«, sagte sie und ging ihrer Wege.

Landschaft, der Begriff ist ja dehnbar, so suchte ich mich zu beruhigen, das kann ja vieles sein. Man spricht auch von Stadtlandschaften, von imaginären Landschaften – nimmt man zum Beispiel die Vorstellung von inneren Landschaften hinzu, so meint das Wort beinahe alles. Man würde sehen.

Eine erneute Ansage der Künstlerin machte meine Hoffnung auf »beinahe alles« schnell wieder zunichte. Sie werde vor Ort reisen, studienhalber, sagte sie. Es schien sich bei der geplanten Serie also doch in irgendeiner Weise um die Arbeit an erschauter Natur zu handeln.

»*Vor welchen Ort?*«, fragte ich.

Eine Fahrt zur Ostsee stand an. Sie war im letzten Jahr schon ein- oder zweimal dort gewesen. Auffällig gerne. Ortsnamen wie Dierhagen, Greifswald, Swinemünde waren an mein Ohr gedrungen – und dann ein etwas geläufigerer Ortsnamen: Rügen. Aber selbst Rügen kenne ich nur von Gemälden. Kreidefelsen und so. Demütig hatte ich mir erklären lassen müssen, was es mit Worten wie Bodden und Darß und Fischland auf sich hat. (Auch im Westen gab es Täler der Ahnungslosigkeit.) – Das stand jetzt fest: Sarah Schumanns künftige Landschaftsmalerei betraf eine Gegend, die ich nicht kenne und vermutlich – wie man so sagt: in natura – auch nicht kennenlernen würde. Das grämte mich nicht, ich kenne unendlich viele reizvolle Gegenden nicht, aber in diesem Falle hätte Kenntnis geholfen. Ich erleichterte mich ein wenig mit innerem Hohn: Ha ha, sie wird doch nicht zur Vedutenmalerin mutieren.

Von ihrer Studienreise zurückgekehrt nach Berlin, wirkte sie erinnerungssatt. Gedächtnisbilder im Kopfgepäck.
»Hast du dir Skizzen gemacht?«, fragte ich.
»Nein«, sagte sie.
»Hast du fotografiert?«, fragte ich.
»Kaum«, sagte sie, *»nur wenige Details. Ich habe alles hier.«* Sie deutete auf ihre Stirn.

Dann der erste Atelierbesuch zusammen mit unserem Freund Franz, der zu Besuch gekommen war und zur Bilderschau eingeladen wurde. Es existierten bereits vier Bilder. Die Sache fing harmlos an, wir spielten das Spiel, wem welches Bild am besten gefällt. Franz wusste es sofort. Ich falle durch eine gewisse Unentschlossenheit auf.
»Sie gefallen mir, aber ich kann mich nicht entscheiden«, sage ich, *»und ich weiß auch noch nicht, warum sie mir gefallen.«*
Franz war sowieso im Vorteil, denn Franz konnte wiedererkennen.
»Ja, der Bodden, genau, und auf dieser Landzunge da war ich auch«, sagte Franz.
Und schon fiel ich zurück in meine theoretische und geographische Unzuständigkeit. Sie überboten sich in begeisterten Sichterinnerungen.

»Hast du die Kreidefelsen auch vom Wasser aus gesehen?«
Ja, hatte sie. Stralsund, auch da waren sie sich einig, ja Stralsund ist eine besonders schöne Stadt. Und auch da ging man ins Detail, obwohl das mit den Bildern überhaupt nichts zu tun hatte.
Ich wollte gern auch mal was sagen und rettete mich ins Technische. *»Du malst jetzt auf Holz, ja?«*, fragte ich.
»Ja«, sagte sie.
»Und dann mischst du Gips in die Farben?«
»Ja«, sagte sie.
»Warum?«, fragte ich.
»Die Farbe steht dann besser auf der Grundierung«, sagte sie karg.
Ich aber blieb beharrlich und wurde kühner:
»Könnte es sein«, fragte ich, *»dass es diese Technik ist, die bei mir den Eindruck einer Gleichzeitigkeit von Glut und Kälte bewirkt?«*
»Ja«, sagte sie.
»War es dein Wunsch, diesen Eindruck zu evozieren?«, fragte ich.
»Das ist gut möglich«, sagte sie mild.
Ich hatte das Gefühl, wie man im Reitsport sagt, Boden gutgemacht zu haben.
Als Franz sich verabschiedet hatte, überlegte ich, ob ich nicht doch noch theoretisch etwas anspecken, diesen oder jenen schlauen Artikel zur Landschaftsmalerei heranziehen sollte. Ich verlor dieses Vorhaben wieder aus dem Auge, was sich aber schnell rächte, weil nur kurze Zeit später Hermine, eine flüchtige Bekannte, unangemeldet auftauchte mit ihrem Freund Rudolf im Schlepptau. Auch sie

wurden ins Atelier gebeten. Und gleich nach dem ersten Blick auf die Bilder legten sie schon los.

»*Ja, ja, die Landschaftsmalerei, eine wahrhaft große Tradition. Man bedenke, was es da nicht alles gebe, zum Beispiel die heroische oder die idyllisch-arkadische Landschaft ...*« –

Ich zündete mir eine Zigarette an.

»*Schon bei den Griechen. Tafel und Fresco ...*« – Das wisse man allerdings nur durch Textzeugnisse ...

»*Aha*«, sagte die Malerin.

»*Auch zur römischen Zeit ... Fresken in Pompeji und Herkulaneum.*«

»*Da war ich mal*«, warf ich ein. Kurzes peinliches Schweigen, doch dann ging's gleich weiter.

– Man solle die Bedeutung der Kulissenmalerei nicht unbeachtet lassen –

»*Keinesfalls*«, sagte ich.

Aber zu einer uns noch geläufigen Vorstellung von Landschaft habe man doch erst in der Renaissance gefunden –

»*Soso*«, sagte Sarah Schumann.

»*Petrarca*«, sagte ich, um nicht die Dümmste zu sein, »*die Besteigung des Mont Ventoux: ›Und es gehen die Menschen hin zu besteigen die Höhen der Berge‹.*«

Aber auch das verpuffte. Ich zündete mir eine neue Zigarette an.

»*Die Donauschule*«, sagte Hermine irgendwann. –

»*Aha*«, sagte die Künstlerin.

Als ich wieder hinhörte, nachdem ich mir in der Küche einen Kaffee geholt hatte, waren sie schon ein oder zwei Jahrhunderte weiter.

»*Du musst wissen*«, sagte Rudolf gerade, »*die Landschaft*

als eigenständiges Sujet, das gibt es eigentlich erst seit dem 17. Jahrhundert, vorher war sie mehr oder weniger nur Hintergrund« –

»*Soso*«, sagte Sarah Schumann.

»*Die Italiener und die Niederländer*« –

hörte ich Hermine noch sagen, als ich aufs Klo ging. Als ich zurückkam, sagte Rudolf:

»*Wir wollen aber auch Elsheimer nicht vergessen.*« –

»*Nein*«, sagte ich, »*das wollen wir nicht.*«

Ich schaute aus dem Fenster, fixierte mordlustig eine Krähe, die von einem Ast aus gleichermaßen bösartig auf mich herabschaute, und verlor den Faden, bis das Wort Romantik an mein Ohr drang, und ich hörte wieder zu, als Sarah Schumann die beiden fragte, ob ihnen vielleicht aufgefallen sei, dass es ebendiese Landschaft ihrer Bilder sei, in der auch die Maler der Romantik vielfach ihre Motive gefunden hätten.

Doch, doch, das habe man gleich erkannt, auf den ersten Blick.

Ja. Ja. Und ob. Und gleich nahmen sie wieder Fahrt auf und begannen, die betreffenden Maler aufzuzählen. Aber Sarah Schumann unterbrach sie, ob sie denn nicht irgendetwas zu ihren Bildern sagen wollten.

Ja. Wollten sie.

»*Interessante Formen*«, sagt Rudolf –

»*Ja, und die außergewöhnliche Farbgebung, wirklich ganz außergewöhnlich*«, sagte Hermine.

Das war schlapp. Wirklich arm. Ich sah meine Chance, und wie das dann oft so ist, wenn man seine Chance wittert, prompt fiel mir etwas ein:

»Hat nicht jemand mal behauptet, dass Caspar David Friedrich der Erfinder der ›Tragödie in der Landschaft‹ gewesen sei?«
»Mag sein«, sagte Sarah Schumann.
»Zeigen deine neuen Bilder nicht so etwas wie die ›Landschaft als Tragödie‹?«, frage ich altklug.
Die Malerin lachte. Aber dann sagte sie:
»Na, vielleicht ist da was dran.«

Kurze Zeit darauf brach Sarah Schumann erneut zu einer Reise auf, diesmal sollte sie der Weg für eine Woche auf die Insel Vilm führen. Weiß der Teufel, wie sie das geschafft hatte. Diese Insel ist nämlich Besuchern kaum zugänglich, jedenfalls nicht für einen längeren Aufenthalt. Sie ist Forschern vorbehalten. Eine Station des Bundesamtes für Naturschutz ist dort angesiedelt. Vorsichtshalber ziehe ich während ihrer Abwesenheit einige Informationen ein: Von einem Naturparadies steht geschrieben, von einem Kleinod der Ostsee und dass die Insel sich vor etwa 10 000 Jahren aus eiszeitlichen Moränen gebildet hat. Sie war schon zur Steinzeit besiedelt. Vor 3000 Jahren trennte sich Vilm von der Insel Rügen. Sie ist heute noch einer ständigen Veränderung unterworfen, es finden sich dort zahlreiche seltene Pflanzen und Bäume. Ich las, dass sie alle Küstenformen der südlichen Ostsee auf sich vereinigt, dass sich auf ihr eine Art Urwald befindet, ein Wald, in dessen Werden und Vergehen seit Jahrzehnten menschlicherseits nicht eingegriffen wurde. Den Sorben galt die Insel einst als ein heiliger Ort.

Nach ihrer Rückkehr freut sich Sarah Schumann über meine Kenntnisse und erzählt von ihren Eindrücken. »Sie züchten dort auch Schafe, die andernfalls ausgestorben wären«, sagt sie. Sie geben eine sehr kratzige Wolle. Ich kann irgendwie verstehen, dass man sie anderenorts nicht mehr züchtet, aber das sage ich lieber nicht. Als hätte sie meinen Gedanken erraten, sagt sie: »Aber sie sehen schön aus.«

Ein wenig später.
Jetzt kam es darauf an. Sarah Schumann hatte ihren Zyklus weitgehend fertiggestellt und wollte hören, was ich von den Bildern halte. Wir gingen in ihr Atelier.
»Es gibt auf diesen Bildern so etwas wie eine Gefährdung«, sagte ich, *»hat das irgendetwas mit der realen Landschaft zu tun?«*
»Auch wenn ich dein Wortspiel von der ›Landschaft als Tragödie‹ etwas zu geschmäcklerisch fand«, sagte sie, *»so liegst du doch nicht ganz falsch. Weil es sich vielfach um eine geschändete, missbrauchte Landschaft handelt. Diese Gebiete waren zu großen Teilen militärisches Sperrgebiet schon unter den Nationalsozialisten und auch später zur Existenzzeit der DDR.«*
»Aber es ist doch auch schön dort?«, frage ich.
»Ja sicher«, sagt sie, *»ich liebe diese Landschaft. Sie hat eine Magie. Ich bin Malerin, keine Umweltreporterin.«*

Ich weiß nicht mehr, was ich im Einzelnen zu den Bildern sagte, jedenfalls versuchte ich mir allmählich über die Ursache meiner Faszination Aufschluss zu geben. Ich verspürte eine Lockung und eine Gefährdung.

Aber Lockelemente, wie man sie von Naturerlebnissen kennt, schienen mir allenfalls noch als Nachhall, als Zitat vorhanden, als kippten sie sogleich wieder ins Unwägbare.

Einmal erkannte ich eine Jahreszeit, Winter, entlaubtes aggressiv spitziges Gehölz im kälteerstarrten Bodden. Ich sah viele gleichsam kartographische Aufsichten, wie man sie braucht, um eine Landschaft aus der Höhe zu erkunden oder um sie zu zerstören. Ich sah ein violettes Meer. Überhaupt viel Gewässer und darin die Spiegelung bizarrer Wolken und Landschaften, ein Land, begrenzt und durchzogen von vibrierenden Linien, Linien der Strände, der Horizonte, Linien der Straßen, Linien wie Leuchtpfeile, Linien wie Farbblitze, Linien wie Fäden, Linien, die wie Schnitte im Fleisch dieser Landschaften wirken. Ich sah eine grüne Form – eine Waldinsel oder ein Geschwür, ich sah Schlacken, Lichtbündelungen und Lichtsprengungen und immer wieder dramatische Wolkenfronten über zackigen Felsformationen.

»*Was ist das?*«, fragte ich und deutete auf so etwas wie einen tiefen Riss.

»*Eine Baustelle, durch den Bau künstlicher Kanäle schafft man Sand heran, um die Deiche zu erhöhen*«, sagte Sarah Schumann, über diesem Riss sah ich einen Himmel, diesmal in ein kaltes Rosa getönt, tröstlich, nein, doch eher giftig.

Und dann die Bilder von der Insel Vilm, die künstlich erhaltene Natürlichkeit des dortigen Urwalds war in ein neues Wechselspiel zwischen Naturzitat und Artefakt hineingemalt worden. Meine frischen Kenntnisse erlaubten es mir, in der Vielfalt der Formen eine Baumruine zu iden-

tifizieren, ein natürlich verendetes, in die Knie gebrochenes Gehölz, eine Zerstörung, die die Natur an sich selbst anrichtet, von dort gibt das Bild den Blick frei auf einen roten See und eine Wolke im schönen Abendglühen, oder ist sie über der beschützten Insel schwebend eingefärbt vom Widerschein einer fernen Katastrophe? Ein anderes Bild – auch aus der Perspektive eines auf Vilm stehenden Betrachters, man sieht auf die Insel Rügen.
»*Dort*«, sagte die Künstlerin, »*dort*«, und sie zeigte auf einen winzigen weißen Fleck, »*dort sind die Kreidefelsen*«. Jetzt lachte sie.
»*Was meinst du zu den Bildern?*«, fragte sie dann.
»*Deine Bilder stehen unter Strom*«, sagte ich.
»*Im Zusammenspiel der vibrierenden Linien mit den Glutfeldern deiner Farben, die sich jeder Idee einer befriedeten Natürlichkeit widersetzen und sie doch noch einmal aufrufen, glaube ich das Unternehmen einer Rettung zu erkennen.*
Du rettest etwas, du rettest nicht die alten Motive unmittelbarer Anrührung oder die Möglichkeit metaphysischer Sinnbezüge, auch nicht die Möglichkeit, innere Dramatiken in die Natur zu projizieren, aber du rettest die Sehnsucht, die seit alters mit all dem verbunden war«, sagte ich.
Als sie nicht reagierte, stammelte ich noch ein bisschen weiter herum und fand dann ins Fragen.
»*Eis und Feuer, Erstarrung und Glutkern*«, sagte ich, »*und es gibt eine Oberflächenspannung. Wie stellst du den Eindruck her, dass da ein Vibrieren, ein Beben ist, eine Aufladung?*
Deine Bilder stehen unter Strom«, wiederholte ich und versuchte so, meinen Eindruck endlich auf den Punkt zu bringen.

Statt einer Antwort sagte sie:
»Ich werde diese Bilder ausstellen, und du hältst da eine kleine Rede.«
Das hatte ich nun von meiner eifersüchtigen Auftrumpferei. Sie hatte das nicht gefragt, sie hatte das gesagt. Gewissermaßen verkündet.
»Ich verstehe nichts von Landschaften«, wiederholte ich matt.
»Es wird schon gehen«, sagte sie.
Da war sie, die Bestätigung meiner unguten Vorahnung.
»Aber«, so fragte ich, *»wird denn irgendjemand ein einziges Bild kaufen wollen, wenn ich meine Idee von der gefährlichen Landschaft, die zugleich glüht und erstarrt, der Landschaft unter Strom entwickle?«*
»Das müssen wir riskieren«, sagte sie.

Dann aber sagte ich zu mir selbst, und ich sage das jetzt auch zu Ihnen: Ist die Liebe zum Bild nicht vergleichbar mit der zu einem Menschen und zwar in der Weise, dass mit das Beste ist, was man über ihn sagen kann: Ich habe mich keinen Moment mit diesem Menschen gelangweilt? Mit diesen Bildern, das weiß ich, wird man sich keinen Moment langweilen.

Und nicht wahr, wenn ich, die ich wirklich nichts von der Landschaft verstehe und die die gemeinte Landschaft niemals sah, wenn also eine Ignorantin wie ich diese Bilder mögen kann, wie wird es erst Ihnen ergehen, die Sie zweifellos alle Kenner sind.

o. titel. 1984. 60 x 80 cm

Blickreisen

I Afrika – Turkana See, Kilimandscharo, Mount Kenia, Masai Mara, Gedi, Lamu

Es ist mehr als nur eine Vermutung, dass es einmal eine Zeit gab, als die Fremde wirklich noch fremd war. Dies war die Zeit, wo man dort hinging – in die Fremde – und sich bedenkenlos holte, was man zu brauchen glaubte. Dieses Phänomen gibt es bekanntlich auch heute noch. Wenn Künstler dies getan haben – und Künstler haben dies getan –, dann war das weniger schlimm für die Menschen und Tiere, die sich immer schon dort befanden, als wenn es Ökonomen, Politiker oder Generäle taten. Schließlich hat schon Hegel der Kunst die Aufgabe zugewiesen, »der Außenwelt die schnöde Fremdheit wegzunehmen«.

Wer in die Fremde geht, will sich bereichern, er will reicher werden, schlimmstenfalls reicher an Bodenschätzen, bestenfalls reicher an Eindrücken, an Wissen, an Erfahrung, zuweilen gibt es auch die Empfehlung, in die Fremde zu gehen, um sich selbst kennenzulernen: Alternativtourismus mit therapeutischer Effizienz.

Wenn Künstler in unseren Tagen aufbrechen in die Fremde, um das Fremde zu finden, dann haben sie abgesehen von den moralischen Skrupeln, die die Freundlichen unter ihnen in einem solchen Fall begleiten mögen, noch ein anderes Problem. DIE Fremde ist an sich nicht mehr DAS Fremde, sie ist nicht mehr mit Notwendigkeit fremd. Zahllose Bildbände, Fernsehreportagen, Kulturfilme haben uns die Fremde unerbittlich ins Haus geholt. Die Möglichkeiten des schnellen Flugverkehrs und des omnipräsenten Tourismus tun ein Übriges. Natürlich lässt sich einwenden, dass das alles nichts mit einem wirklichen Kennenlernen des Fremden zu tun hat. Der schnelle touristische Blick provoziert, wenn überhaupt etwas, dann nur ein neues Klischee im alten Versuch, sich das unbekannte Gesehene begreiflich zu machen. Strenge Moralisten werden darin vielleicht sogar eine Fortsetzung des Kolonialismus mit anderen Mitteln erkennen wollen.

Dagegen hält die Ethnologie bekanntlich für den Umgang mit dem Fremden ehrbare Mittel bereit. Sie versucht, wie es scheint, das Fremde zu erkennen, ohne es in seiner Integrität zu verletzen. Es sei den Ethnologen überlassen, zu entscheiden, ob das geht. Denn das erkannte Fremde ist ja kein Fremdes mehr. Vielleicht haben wir es ja mit dem »Paradox aller Rezeption« zu tun, dass man eben immer nur das sieht, was man eben zu sehen vermag, dass, wie ein Philosoph es kürzlich ausdrückte, »der nichts erfährt, der nichts erfahren hat.«

Der hemmungslose Umgang mit dem Fremden lässt die Empfindlicheren den Blick senken. So wie viele Tiere nicht ins Zentrum des Gesichts, in die Augen sehen, es sei denn, sie wollen drohen. Immerhin sehen wir auch bei gesenktem Blick am oberen Rande der Augen noch so viel, dass wir erkennen können, wie sich in der Fremde das fremd Erscheinende mit einer Ansammlung von Kühlschränken, Fernsehgeräten und Coca-Cola-Dosen amalgamiert hat. Es waren immer schon andere da, die den Blick nicht gesenkt haben, unter deren Blicken das Fremde uns ähnlich geworden ist. Und immer haben wir schon ein Bild in uns, bevor wir uns eins machen können.

Künstler, speziell die, die im Bereich des Visuellen arbeiten, können sich den gesenkten Blick aus naheliegenden Gründen nicht erlauben, wenn sie neue Kulturlandschaften betreten. Aber wenn sie die Erfahrung ihrer Befremdung über die Schwierigkeiten, das Fremde zu authentifizieren, in ihrer Kunst verarbeiten, dann entsteht möglicherweise jener flimmernde Eindruck der halbgeschlossenen Augen wieder. Es handelt sich um eine gezielte Ungenauigkeit, was die selektiven Gewohnheiten des Blicks betrifft, eine Ungehorsamkeit gegen die Lockrufe des vermeintlich Exotischen, die aber ihrerseits eine andere, vielleicht höhere Genauigkeit provoziert und in dieser Weise, wenn nicht das Fremde selbst, so doch den Moment, in dem wir auf es treffen, bewahrt.

Dieser Blick (es ist längst schon von den Bildern Sarah Schumanns die Rede) derangiert die Anordnung der Dinge, er löst die Spuren menschlicher Bautätigkeiten, die Landschaften, die Gräser, die Bäume, die Steine, die Stoffe, die Tierkörper, die Menschenleiber aus den Bildhierarchien von Wichtigkeit und Nichtigkeit, die wir ihnen zu geben gewohnt sind, und ordnet sie in einem flirrenden Zusammenspiel von Form, Farbe, Licht und Gegenstand neu an. Vertrautes und fremd Erscheinendes, äußere und

innere Zustände werden aneinander und ineinander verschoben und unvermutet durch harte Risse, durch fahrige Striche wieder getrennt und aufgespalten. Naturlandschaften vermischen sich mit Rudimenten menschlicher Bautätigkeit – einer anderen Kultur einer anderen Zeit zugehörig –, deren Strukturen, Formen und Farben sich wieder der umgebenden Natur zu assimilieren scheinen.
Die Gegenstände, die wie Zitate in den Bildern stehen, geben uns keine Anhaltspunkte für die Logik jener Prozesse von Stillstand und Beschleunigung, von Beständigkeit und Unbeständigkeit, von Angleichung und Entähnlichung, die sich im Bildganzen abspielen. Vielleicht ist dies ein Geheimnis der Befremdung, dass sich die Zeiten in die Räume verschieben. Natürlich fügt sich das nicht unserem Verständnis von der alltäglichen Ordnung der Dinge, aber auch nicht dem Verständnis vom Alternativ-Glamour des »Exotischen«, das die Ausgebuffteren unter uns zu rühmen sich angewöhnt haben.
In den Afrika-Bildern Sarah Schumanns gibt es weder den Versuch der Anverwandlung an das Fremde noch den der bloßen Annexion von »exotischen« Formpartikeln in die eigene Kultur. Die Bilder haben etwas von Momentaufnahmen aus einem Film. Festgehalten wird der Moment der Begegnung mit dem Unbekannten dort, wo wir seine abgrundtiefe Fremdheit bemerken; in dem Augenblick, der ist, bevor die Zuordnungen und Interpretationen einsetzen: bevor wir es exotisch oder trivial, anheimelnd oder abweisend finden. Dieser wort- und bildlose Moment vor aller Einverleibung und Abstoßung ist der des Staunens – wenn das Wort nicht zu harmlos ist, vielleicht auch der

des Schauderns – wenn das Wort nicht zu dramatisch ist. In jedem Fall herrscht für einen Moment, für einen Atemzug, für eine Ewigkeit Stille. Die räumliche Entsprechung dieser Stille ist der Riss.

In diesem Moment, in diesem Riss, erscheint das erinnerte Bild: die am Fluss Mara lagernden Kinder, mehr Formation als menschliche Gruppe; die Spuren einer Ruinenstadt – es ist die von Gedi –, die den Einfluss einer dieser Fremde einst fremden moslemischen Kultur ahnen lassen; die verlangenden Hände der Massai, die durch das Gitterwerk eines Zaunes ragen; und schließlich alles beherrschend die seltsam gebrochenen Landschaften und in ihnen die Zitation der Tiere, der fremd durch die Fremde ziehenden Tiere. Diese ausgeschnittenen und scheinbar nachlässig und beliebig aufgesetzten Bildzitate sind einer kleinen afrikanischen – für unsere Bewertungen dilettantisch gemachten – Publikation, einem Zwitter zwischen Buch und Werbeprospekt, entnommen. Die Zitation fügt dem Bildganzen in gezielter Abwehr von Eindeutigkeit eine Auffassung von Fotografie und mit ihr eine Auffassung vom Tier ein, die nicht mehr ganz unseren europäischen Verabredungen zu dieser Technik und zu diesem Sujet entsprechen, die aber auch nicht einfach als Primitivität oder exotische Authentizität verkauft werden könnten.

In vielen Bildern wird die Suggestion einer beweglichen Stille über die gleichmäßigen Schriftzüge vermittelt. Eine fließende Schrift, die sich wie die ziehenden Herden nicht verändert, aber doch einer Bewegung folgt. Dagegen gesetzt – in starkem Kontrast –, damit wir diese Ruhe nicht mit Behaglichkeit verwechseln, erscheinen die flammenden Signale einer an die Fremdheit mahnenden Hieroglyphe, die das Bild dominiert wie ein Bannspruch, unter dem alles für einen Moment erstarrt. Bis sich der Blick wieder losreißen kann, um sich vorübergehend den Bewegungen der Linien anzuvertrauen. Er richtet sich jetzt auf die Strukturen eines aus Pflanzenteilen und -fasern errichteten Zauns, der, ohne dass wir ihm eine Funktion im Bildganzen zuschieben können, zur reinen Form wird. Aber schon im nächsten Moment wird der Blick über eine gerissene Grenze stolpern. Sie, die Risse, erinnern uns, dass wir Fremdheit erfahren können, wirkliche Fremdheit; sie erinnern uns an den Moment des Erschreckens, der diese Erfahrung nicht nur in Afrika, sondern wann und wo immer sie statthat, bedeutet. Es liegt eine Hinterhältigkeit darin, uns für den künstlerischen Ausdruck dieses Erlebnisses nach Afrika, in die Fremde zu führen. Denn dort sind wir ja – wie wir vorschnell glauben – auf das Fremde gefasst. Wenn wir trotz dieser Gefasstheit irritiert sind, so mag das daran liegen, dass wir den Unterschied zwischen der Fremde und dem Fremden nicht eingeplant haben.

II Berlin, Brandenburg, Mecklenburg, Sachsen

Eine Umkehrung dieser Irritation liegt vor, wenn uns die Arbeiten Sarah Schumanns Bildkonstellationen vor Augen führen, in denen wir Elemente des Vertrauten, einer mehr oder weniger bekannten Landschaftlichkeit, einer räumlich und mental ›näheren‹ Architektur identifizieren können. Eine trügerische Sicherheit. Die nächste Station dieses schweifenden Blicks lag, vom geographischen Ort Berlin aus gesehen, nur wenige Kilometer entfernt, in der Nähe also. Aber in einer schwierigen Nähe, einer Art Nahferne. Als die Künstlerin 1982 diese Reisetätigkeit aufnahm und die ersten Bilder zu einem neuen Zyklus erstellte, fuhr sie an einen Ort, den es politisch inzwischen nicht mehr gibt: in die DDR. Das Mischungsverhältnis von Fremdheit und Vertrautheit, das die westdeutschen Reisenden hier vorfanden, war provoziert durch eine äußere historische Grenzziehung, die aber tief in die Feinstruktur der Landschaften, der Architekturen, der Mentalitäten hineingewirkt hat. Der Blick traf auf Bildqualitäten, in die sich die ästhetischen Optionen eines Pückler-Muskau, eines Caspar David Friedrich oder eines Fontane ebenso eingetragen haben wie die Signaturen der preußischen Kulturpolitik, die militärischen Katastrophen des Nazismus und schließlich die Spuren stalinistischer Misswirtschaft.

Reisen in die DDR, das hieß in der Zeit, als Sarah Schumann diese Reisen unternahm, Reisen in eine benachbarte Ferne, in einen hinter Grenzbastionen entrückten Nahosten. Aus westdeutscher Perspektive und allemal aus der der nach dem Krieg im Westen Geborenen war der Grenzübertritt in dieses Land, hinein in die Dissonanz von diesseits beschworener Zugehörigkeit und jenseits verminter Unzugänglichkeit, wohl mit keinem anderen vergleichbar.

Sarah Schumann hat sich lange vor den Ereignissen im November 1989 mit den vormals fernen architektonischen und landschaftlichen Besonderheiten des anderen Deutschland, das näher kommt, seit es sich anschickt, ähnlicher zu werden, bekannt gemacht. Sie hat ihre Skizzen, Fotografien, viele Entwürfe, mannigfaltige Studien zu einem Zeitpunkt erstellt, als die politischen Ereignisse, die diese plötzliche allgemeine Nähe provozierten, eine Nähe, die kaum schon in die einzelnen Erfahrungen eindringen konnte, in keiner Weise abzusehen waren.

Seitdem wird die Wahrnehmung der ungleichgewichtigen Räumlichkeit von Nähe und Ferne zusätzlich irritiert vom Vorher und Nachher eines zeitlichen Bruchs.

Wir verzeichnen eine Verrückung der Perspektive, die nicht nur den Kontext und die Wahrnehmungsmuster, in die sich die bildlichen Verarbeitungen vormaliger Reiseeindrücke jetzt einschieben, verändert haben.

In der Konsequenz dieser veränderten Wahrnehmung wird sich auch der Blick auf die scheinbare Harmlosigkeit der Kultur- und Stadtlandschaften, auf die Häuser, die Architekturen, die Parkanlagen, die in Schumanns Bildern zitiert sind, mehr oder weniger schnell ändern. Das heißt, auch die Bilder Sarah Schumanns stehen schon in einem neuen Kontext. In diesem wird die Aktualität der Frage nach dem, was wir überhaupt sehen können, wenn wir eine mehr oder weniger nahe liegende Landschaft betrachten, tagespolitisch überlagert von der Aktualität der Frage nach den Konsequenzen der Einheit. Was noch vor zwei Jahren vielen als eher abwegig erschien, nämlich sich mit diesen Landschaften zu beschäftigen, erscheint jetzt problematisch naheliegend. Die Nahelegung wird den Bildern aber allenfalls zu Teilen gerecht. Die Schwierigkeiten im Umgang mit der irisierenden Bewegung des Näher- und Fernerrückens sind einer politischen Aktualität strukturell vorgängig.

Es geht ja gerade darum, die bloß linearen Bildbezüge aufzuweichen, Unordnung zu bringen in die zeitlichen und räumlichen Koordinationssysteme zugunsten einer visuellen Komplexität. Die Arbeiten zeigen eine stille Widerständigkeit gegen das Verlangen, dem Spiel der Bilder ein Ende zu bereiten, ein Zentrum zu besetzen, von dem aus sich Fluchtlinien zeichnen lassen zum Zweck eindeutiger symbolischer Lagebestimmungen.
Es muss aber den politischen Strategen der Eindeutigkeit überlassen bleiben, Blickpunkte zu verallgemeinern, die es ermöglichen, zum Beispiel die assoziativen Konstellationen zwischen der Seepyramide von Pückler-Muskau und dem zerbombten Gendarmenmarkt, zwischen der Klosterruine von Chorin und den Erosionen der Witterungen an den Fassaden in Dresden oder zwischen dem Katafalk für den Sarg der Königin Luise und der sozialistischen Plattenbauweise ideologisch und topographisch zu fixieren.
Was aber die Realität der zitierten Landschaftselemente in der Örtlichkeit, die einmal DDR hieß, betrifft, so rücken jetzt mit den Anstrengungen der Angleichung die Unterschiede noch einmal grell ins Licht.
Die Mentalität westdeutscher Machbarkeit, die ja auch das »Alte« machen kann, trifft auf ostdeutsche Ohnmacht gegenüber der Implosion des Erhaltenen. Diese mürben Denkwürdigkeiten haben für den Blick von der westlichen Seite der nun verschwundenen Demarkationslinie eine zweifelhafte Faszination. Es ist zu vermuten, dass die für viele Westdeutsche mit den Bildern aus der DDR verbundenen Sensationen gar nicht so viel mit dem Land zu tun haben, wohl aber etwas mit den auf Kon-

tinuität, Ganzheit und Glück gestellten Operationen, die wir Erinnerung nennen: all die idyllisierten Vergegenwärtigungen von Kindheitslandschaften – mögen diese auch im schwärzesten Trümmerfeld der Nachkriegszeit gelegen haben; die verödeten Straßen, die leeren Plätze, die vielen Lücken in den Häuserreihen –, erinnert dies nicht ein wenig an das Straßenbild der frühen fünfziger Jahre? Je grober der Blick, desto größer werden die Möglichkeiten, dass sich in diese Bilder die Sehnsüchte nach einer fiktiven Wiederbegegnung mit den Spuren eigener Vergangenheit einblenden. Tatsächlich aber, und in Erwägung der Existenzbedingungen der dort Lebenden, besteht für eine Dornröschenromantik kein Anlass. Sarah Schumanns Bilder sind frei gehalten von romantisierenden Anfechtungen. Sie hat sich in der künstlerischen Verarbeitung ihrer langen Reisen nach Indien und Afrika gegen solche Blickdispositionen misstrauisch gemacht – zumal, wenn es die eigenen sind. Geübt im Umgang mit der Disparität von Nahem und Fernem, Vertrautem und Fremdem, mit verqueren Mischungsverhältnissen, meidet sie sowohl die Peinlichkeiten der Exotisierung als auch die der Anverwandlung. Die Bilder erzählen keine Geschichten aus dem Spreewald, sie erzählen von der Mehrdeutigkeit und Vielstimmigkeit der Bilder. Der Blick, den sie frei geben – er fällt zumeist auf Landschaft oder Architektur –, hat die Zitate schnell identifiziert: Es handelt sich um Verweise auf das zerstörte Berlin (hier dienten der Künstlerin Militärfotografien als Vorlagen) und das zerbombte Dresden unmittelbar nach dem Krieg, auf Städte und Landschaften im östlichen Teil Deutschlands und auf Formierungen dieser Kulturlandschaften nach dem Willen eines vor mehr als hundert Jahren verstorbenen Gartendirektors. Die Projekte eines Lenné oder eines Pückler-Muskau sind, sofern sie überhaupt verwirklicht wurden, heute nur noch in Ausschnitten und Spuren dem Augenschein zugänglich. In den Bildern Sarah Schumanns verschmilzt der Eindruck, den die Reisebetrachtung hinterließ, mit dem, der sich bei der Betrachtung der Lenné'schen Zeichnungen ergeben hat. Zweifellos liegt kein Versuch vor, reale Verhältnisse dokumentarisch zu erfassen, gleichwohl scheint es, als hätten sich in diese wie flüchtig skizzierten Kultursilhouetten Engramme alter Vorhaben und neuer Visionen, Narben von zurückliegender und frischer Verletzung, Chiffren menschlichen Zugriffs und zeitlichen Abschliffs eingetragen; Spuren also, die hier im Bild vom Bild miteinander in eine neue Beziehung treten. Eine Beziehung, in der sich das Vormalige nicht mehr vom Nachmaligen, das Spätere nicht mehr vom Früheren, das kulturell Nähere nicht mehr vom Ferneren exakt abgrenzt.

Zwei Bilder werden etwas deutlicher: In einem ist eine Zeichnung der von Schinkel erbauten Nikolaikirche in Potsdam konfrontiert mit der Zeichnung eines – übrigens auch realiter benachbarten – Monuments des ›sozialistischen‹ Wohnungsbaus; in dem anderen sind die Skizzierungen von Entwürfen des idealen nordischen und des idealen sizilianischen Gartens (Lenné) neben der Skizze einer Tankstellenruine in der ehemaligen DDR platziert. Gleichwohl gibt es keine unmittelbare Darstellung in diesen Bildern. Die identifizierbaren Elemente stehen zu ihren vermeintlichen materialen Entsprechungen in einer allenfalls ironischen und irrlichternden Referenz. Alle Bilder und Zeichnungen sind erarbeitet auf der Grundlage von Entwürfen, nach Protokollen der Begegnung mit dem so oder so Gezeichneten, nach eigenem und fremdem Fotomaterial – Skizzen nach fremden und eigenen Skizzen. Die Zeichnungen der Garten-, Park- und Schlossanlagen »nach Lenné« sind verehrende Repliken auf Zeichnungen von Garten-, Park- und Schlossanlagen von Lenné, an deren Linien sich diachronische und synchronische Markierungen so eingetragen haben, dass sie nicht mehr genau nach historischen oder ästhetischen Merkmalsbeschreibungen decodierbar sind.

Und wie stark sich auch die melancholische Erwägung aufdrängen mag, ob in ihnen nicht etwas perexistiere, was sich so dem Blick nicht mehr eröffnen wird, ist es doch zu bezweifeln, dass es je in dieser Weise dem unmittelbaren Blick zugänglich war.

Diese Bilder, Skizzen und Zeichnungen geben keinen Rückverweis auf ein landschaftliches »Urbild«, das nur von Nachbildern überlagert wurde, und sie sind auch nicht bloße Chroniken des laufenden Verfalls, sie sind Auf- und Ansichten von der Gebrechlichkeit unserer Wahrnehmungen und der Interpretationen, die wir ihnen zugrunde legen.

In den Konstellationen, Überlagerungen, Verschiebungen der Bildelemente, im permanenten Wechsel der Perspektiven, im undeutlichen Übergang von Auf- und Ansicht, von gezeichnetem Umriss und gezeichneter Fassade zu farbigen Gewichtungen, lagern sich Bildzitate an, die eindeutige Hinweise auf die Uneindeutigkeit dessen geben,

was zur teils geteilten und teils ungeteilten Kultur dieses Landes gehört.
Man wird in diesen Bildern Spuren von unterschiedlicher Valenz erkennen: die Zeichen einer kriegerischen Zerstörung, dahinter, daneben, darüber und darin die eines elendigen Verfalls und schließlich immer wieder aufscheinend einer alten Idee etwa eines Lenné oder eines Pückler-Muskau.
Aber nichts befindet sich mehr auf den geraden und stabilen Meridianen der gewohnten historischen oder ideologischen Orientierung (obwohl Sarah Schumann im Gegensatz zu älteren Arbeiten gar nicht mehr mit auffälligen stofflichen und formalen Dissonanzen arbeitet). Der Strich ist tastend und verletzbar, es gibt keine Grundierungen und nur höchst schwindelerregende räumliche Spiegelungen, die angedeuteten Vergegenständlichungen scheinen gegenläufigen Prozeduren ausgesetzt: Prozeduren der Verdopplung und der Derangierung, der Vervielfältigung und der Verschmelzung, strukturell vielleicht vergleichbar denen, die auch die Zeitläufe mit den assoziierbaren Gegenständen selbst vornahmen. Und mit dieser Analogie stehen die Bilder nun doch in einem Zusammenhang mit der Beschaffenheit eines geographischen Ortes, in dem aus historischen Gründen die Bewegungen von Einheitlichkeit und Trennung ineinander verschlungen sind.
Diesen zum Teil gegenläufigen Bewegungen folgen die Linienführungen auf den Zeichnungen und auf den großen Leinwänden. Das Strukturgeflecht, das sie bilden, wird wundersamerweise immer luftiger, freier und durchsich-

tiger, je mehr Schichtungen sich in ihm ablagern, je mehr Verweise darin eingeschlungen sind.

Reisebeschreibungen der näheren und weiteren Ferne haben im Zeitalter der raumüberwindenden und sich immer mehr noch beschleunigenden Bildübermittlungen wohl kaum noch die einfache horizonterweiternde und relativierende Wirkung, die ihnen seit der Zeit der Weltumseglungen des Louis-Antoine de Bougainville gern zugeschrieben wurde, sie sind aber nach wie vor, etwa im Gewand der Schumann'schen Bild- und Erfahrungsinszenierungen, tauglich, die Brüchigkeit dessen, was wir für eine authentische Erfahrung halten, zu bebildern und einige unserer liebgewordenen Gewissheiten in den Strudel ihrer raumzeitlichen Auflösungschoreographie hineinzureißen.

»geklammert an den Wiegenrand träumt er sich als der Mutter Stolz« (Yeats).
1998. 58,7 x 66,7 cm

Über die Tier-Bilder Sarah Schumanns

Zwar war das Tierporträt vor dem Abbild des Menschen, wie wir von den frühesten Zeugnissen menschlichen Darstellungswillens wissen, aber seit im Tier nicht mehr eine Gottheit oder die Repräsentation einer höheren Macht gesehen wird, seit es sich auch ikonographisch in säkularisierten Räumen bewegt, wissen die Menschen nicht nur nicht, was im Inneren der Tiere vor sich geht, sie wissen auch nicht so ganz genau, was ein Tier ist.

Wie aber soll ein Tier porträtiert werden, wenn wir gar nicht wissen, was ein Tier eigentlich ist?

Das Tier spielte eine Rolle in den Versuchen einer Grenzbestimmung des Menschlichen. Das nämlich, was wir darüber zu wissen glaubten und glauben, was ein Mensch sei, verdanken wir vielfach der Unterscheidung zum Tier. Die Anthropologie, die Lehre vom Menschen, wäre in ihrer Entstehung gar nicht denkbar ohne das Tier, ohne die Markierung dessen, was uns angeblich oder tatsächlich von ihm unterscheidet: die Gottähnlichkeit, der aufrechte Gang, die Sprache, der oppositionelle Daumen, die Vernunft, das Endlichkeitsbewusstsein und vieles mehr. Das Tier stand für das, was der Mensch über es hinaus ist. War es wenig, war der Mensch mehr. Wie hätten die

Menschen sich wohl gedacht, wenn es die Tiere nicht gäbe?

Der Aufklärer Albrecht von Haller sah den Menschen als ein »zweideutig Mittelding von Engeln und von Vieh«. Bei solchen tellurischen Verortungen des Menschen ging es um Macht, um Raumaufteilungen und darum, dem Menschen das größte Terrain und – dies vor allem – einen abgesicherten Platz in der imaginären Mitte der gleichfalls imaginierten besten aller möglichen Welten zu sichern. An deren Polen standen allerdings Imponderabilien: die Engel und das Vieh. Nun ist eine menschlicherseits für möglich gehaltene Welt, gedacht nach Maßgabe des Menschenmöglichen, für die Tiere möglicherweise nicht gerade die beste. Um es kurz zu machen und um auch endlich zu den Bildern zu kommen: Für die Vorstellung vom Tier stehen grob gesagt zwei Modelle zur Verfügung: Man hat hierarchisierend die Tiere in einer Evolutionskette aufgereiht, an deren Ende glücklicher- oder unglücklicherweise der Mensch steht; oder man hat die vermeintlich defizitären Tiere – das ist das ältere Modell – in qualitative Opposition zur gottabbildlichen Einzigartigkeit des Menschen gesetzt. Beide Modelle – Hierarchie und Opposition – werden durch die Tierporträts Sarah Schumanns blamiert. Sie hat die Tiere aus diesem Vorstellungskosmos gänzlich herausgenommen und auf ihre eigenen Planeten versetzt, wo sie nicht länger vergleichend als Indikatoren für eine mögliche Vervollkommnung des Menschen oder seine Mangelausstattung oder seine interessante Zweideutigkeit oder seine Bestialität dienen müssen. Sie hat sie heruntergeholt vom Projektionskarussell, auf dem der

Bär bald als Raubtier, bald als Plüschtier kreiseln musste; sie hat die Hunde befreit von den Menschen, die sie als Freunde dachten und dann doch auf den Mond schossen.

Die Tiere sind also angekommen. Aber wo? Auf verschiedenen, zuweilen gelben oder roten Planeten; und es scheint, als blickten sie noch einmal zurück auf den Planeten, den man den blauen nennt. Jetzt haben sie einen eigenen Blick. Endlich haben sie einen Blick, in dem sich nicht mehr das Menschen-Projekt »Tier« spiegelt, und auch nicht der Künstlerschöpfer. Es ist ein fremder Blick aus gelben Augen. Ähnlich dem Blick der Katze, die William Butler Yeats im Lied von der *Katze und dem Mond* beschreibt: der Katze, in deren Augen sich die Phasen der Gestirne spiegeln.

Die Tiere sind also angekommen? Nein! Bären und Hunde sind angekommen! Nicht alle Kreaturen, von der Zecke bis zum Elefanten, nicht die Mannigfaltigkeit beweglichen Lebens, die der Mensch subsumtiv unter das Wort Tier brachte, um sich ihm gegenüber als Krone, Wunderwerk oder Katastrophe der Schöpfung auszeichnen zu können. Das ist keine planetarische Arche Noah, die uns Sarah Schumann vorführt. Auch die Assoziation auf dieses biblische Bild von einer statistischen Rettung der Gattungen bringt uns keinen Schritt näher an die hier ausgestellten tierischen Visionen. Nicht die Tiere, nicht alle Tiere: Bären und Hunde sind angekommen! Und zwar in der Welt der Sterne. Dort, wohin sich der Mensch sehnend in früher Zeit selbst gelegentlich geträumt hat. Dort, wohin es ihn in später Zeit mit aller Cybermacht seines realen und virtuellen Eroberungswillens immer wieder treibt. Die Ambivalenz und Perversität dieses menschlichen Sehnens mag an der Tränenflut ermessen werden, die Millionen von Zuschauern vergossen über den Wunsch eines Hollywood-Fabelwesens – irgendetwas zwischen einem embryonalen Menschen und einem nackten Tier –, das nach Hause telefonieren wollte. Ich weiß nicht, ob der Bildtitel *Telefon!* darauf anspielt.

Sarah Schumanns Bären und Hunde befinden sich jetzt in fremden Welten, auf fremden Planeten, nicht länger in dieser Zeit, auch nicht in irgendeiner Zukunft, sondern außerhalb der Zeit, in Räumen ohne Mitte, unter sonderlichen Himmeln, in unvermessenen Landschaften, deren Farben – vielleicht wären wir geneigt zu sagen: unnatürlich sind, aber da von Natur in unserem Sinne auch nicht mehr die Rede sein kann, nennen wir sie hilflos auch nur fremd, eben nicht von dieser Welt. Die Änderungen des Lichts, der Farben und Formen, folgt offensichtlich nicht mehr den zyklischen Abläufen, die wir kennen: Es gibt viele Sonnen und Monde beieinander, viele Nächte und Tage zugleich. Auch die Gesetze der Grammatik scheinen hier keine Geltung mehr zu haben: *Der Weg nach roter Planet* heißt ein Bild.

Nun sind die Verbindungen von einem Planeten ohne Zeit und Natur zu unserer raumzeitlichen Wahrnehmung, wie man sich denken kann, etwas heikel. An die Möglichkeit des Telefonierens mögen wir da nicht mehr so recht glauben. Nachsichtig senden uns die Bären und Hunde dieser Planeten einige Bilder und Zeichen: eine Handtasche, ein Dichterwort, die Anspielung auf die visionäre Welt der

Ikonen, den Song aus einem Film – sehr heterogenes Assoziationsmaterial, das eine nicht immer ganz zuverlässige Übersetzungshilfe leisten soll.

Der Hund, der Bär, befreit von den Fesseln unserer Tier-Projektionen, entlassen aber auch aus dem Naturzwang des ewigen Kreislaufs von Fressen und Gefressenwerden, sie leisten sich jetzt ein kleines Erbarmen mit der Mangelhaftigkeit unseres Vorstellungsvermögens. Die Phantastik ihrer neuen Welt suchen sie uns durch eine beispielgebende Anspielung auf die Unwirklichkeit der *Weißen Nächte* von Petersburg ein wenig näher zu bringen.

So viel jedenfalls ist leicht zu erkennen: In dieser Welt außerhalb der uns bekannten Ordnungen gibt es auch nicht mehr die Unterscheidung zwischen Fiktivem und Realem: Rollo, der Hund, dem der letzte Satz in einem berühmten Roman gehört, Laika, die in einer Raumkapsel verglühte, und Kaschtanka aus der Feder Tschechows können hier einander begegnen.

Und sie blicken jünger werdend auf ihr Leben in der Welt zurück (Yeats) lautet ein Bildtitel. Tatsächlich zeichnet viele dieser Tiergestalten eine besondere Weichheit, ein eigentümlicher Schmelz aus. Die Sanftheit ihrer Konturen lässt ahnen, dass sie möglicherweise nicht nur ihr Alter, sondern auch ihre Gestalt nach Belieben ändern können. Abgehoben von dieser Flexibilität eignet den vereinzelten Menschenwesen – eher sollte man von zitierten Piktogrammen des Menschlichen sprechen –, die sich auch in diesen Bildern finden, eine zeichenspitze Festgelegtheit. Herauszitiert aus einer Ikone des 16. Jahrhunderts, auf der sie den Sarg eines Heiligen trugen, sehen sie jetzt aus wie

eingedorrte Astronauten, die unsere Tierprojektionen zu Grabe tragen.
Die Ankunft der Hunde und Bären scheint nach unseren Zeitvorstellungen noch nicht weit zurückzuliegen. Noch haben sie Erinnerungen. Ein Bär erinnert sich an eine als behütet erträumte Kindheit: *geklammert an den Wiegenrand träumt es sich als der Mutter Stolz* (Yeats).
Man möchte sagen, dass es eine phantastische Welt ist, in die uns Sarah Schumann, in die uns ihre Bären und Hunde führen. Aber sie ist nicht phantastischer als jede Imagination.
Die Imagination einer Welt außerhalb der Verletzungen und des Schmerzes muss sozusagen galaktisch auswandern in ein unerreichbares Universum, damit diese Exilierung schmerzhafter wirken kann als der immer wieder gescheiterte Versuch, künstlerisch den Schmerz wirklich zu evozieren, Ort und Bild zur Deckung zu bringen.
Dort, wo die Hunde und Bären angekommen sind, weiß man vom Schmerz, und es gibt noch die Erinnerung vom trügerischen Schutz behütend geformter Hände, an seltene Akte des menschlichen Erbarmens! Aber es ist eine Traumerinnerung an die entrückende Welt, die dem armen Vorstellungsvermögen der Menschenkreaturen entsprach, es ist ein Traum von dem, wie es gewesen sein könnte. Jenseits des Hundelebens, aber nie wahr. Ein Lied aus einem Film haben sie mitgenommen vom Leben auf der Straße: *I play the streetlife*, weil es das einzige Leben ist, das ich kenne. Und weil es keinen Ort gibt, an den ich gehen könnte. Jetzt im Schumann'schen Bildkosmos gibt es diesen befremdlichen Ort. Aber es ist nicht einfach der Ort

der Poesie und des Friedens, der hundertjährigen Zeder, es scheint zugleich ein für Menschen bedrohlicher Ort zu sein, weil es die Koordinaten für die alten Ordnungssysteme, in denen Menschen Menschen, Hunden und Bären ihre festen Plätze zuwiesen, nicht gibt. Deshalb erscheinen die Menschengestalten auf diesen Bildern nur mehr als Zitat. Malamute und Sloughi, die Hunde haben einer Laune folgend die Rassekennzeichen, die die Menschen für sie erdacht haben, behalten und tragen sie jetzt, weil ihnen der Klang gefällt, der klassifizierenden Absicht zum Hohne, als individuelle Namen.

Hin und wieder streift die Menschenwelt auch diesen Planeten und hinterlässt ein wenig Schrott. Eine Raumstation, ein desolates Mir-Projekt. Zwei Hunde – in ein Gelb getaucht – schauen auf diese Trümmer menschlicher Zukünftigkeit zurück: *Dahin zur Mir. Es wird aufgeräumt*, steht auf dem Bild geschrieben.

Ein Hund kam aus Borneo, weil der Name Borneo so schön ist, und Rollo, der alte Hund Effi Briests, ist wieder ein Welpe. Der Malamute lächelt. Ein Bild heißt: *Tiertransport zu den Tuareg*. Die Bären und Hunde gestatten sich Katastrophenerinnerungen auch nur dann, wenn sie formale farbliche oder klangliche Reize bieten. Aber schon verblassen die Erinnerungen, nehmen die etwas dubiosen Pastelltöne der Umgebung an, die Kreide dämpft die Töne, die es auf diesem Planeten gibt.

Die Therapiestation Chrysantheme ist in weiche rot-orange-gelbe Töne getaucht – schon und auch ein bisschen gefährlich für die, die auf diesem Planeten zu Hause sind. *Ich weiß, ich ende irgendwo da oben in der Wolkenschicht*

(Yeats), träumt der junge Hund, nachdem er, immer jünger geworden, schon längst dort angekommen ist – dort, wo die Gesetze der Schwerkraft nicht mehr gelten und die Gestalten aus den Bildern treten und ein Rot aus einer Ikone von Nowgorod mitbringen. Laika und Kaschtanka wurden sternenbekränzt selber schon zu Sternen. Und für einen Sloughi wird alles zur Oase. Auf diesen Planeten verwandelt sich das, was ein Dichter einmal über einen Menschen sagte, in ein Wort für einen Hund: *der Hund, den die Trauer Freund nannte.*

Bleibt noch eine Frage offen? Das kann man wohl sagen. Die zum Beispiel: Warum ausgerechnet Hunde und Bären? Ich weiß es nicht. Vielleicht, weil die Künstlerin Hunde und Bären am liebsten mag oder am besten malen kann. Das allerdings weiß ich, dass diese Willkür allemal gnädiger ist als alle Ordnungssysteme, in die der Mensch die so genannten Tiere brachte.

Anhang II

Über die Verfasserin

Dieser Text entstand, als ich im Rahmen meiner Aufnahme in die Deutsche Akademie für Sprache und Dichtung um eine Selbstdarstellung gebeten wurde. Eine Bitte, die mich in Verlegenheit brachte. Hier meine Ausflucht.

»Wenn der lahme Weber träumt, er webe, …«

Ich besitze ein Dokument, ein kurzes Schreiben, eigentlich ist es nur ein datiertes Briefchen aus dem Jahr 1956, das mich als frühe Schriftstellerin ausweist.

Ich bin zehn Jahre alt, beginne einen Roman, komme aber über den Anfang nicht weit hinaus. Angelegt ist eine dramatische Handlung, in die dreizehn Kinder und neun Hunde – ausnahmslos problematische Charaktere – kunstvoll verwickelt sind. Ein frühes Wollen. Ein frühes Scheitern. Erst fünfzig Jahre später werde ich daran anknüpfen können.

In der Zeit dieses Scheiterns lege ich ein Kompendium an, ein schmales Buch, eigentlich ist es nur ein Heftchen – darin liste ich Wörter auf, solche, die ich liebe oder komisch finde (Düsenjäger, Keuchhusten, Aberglauben,

Brechdurchfall, Wolkenkratzer, Schüttelfrost, Atemnot), auch Zitate, eigene Einreden und Kommentare, vor allem aber die Sätze anderer, Sätze, die zuweilen Bannstrahlen, ja Flüchen gleich, auf mich niedergehen.

»Ich verordne absolute Bettruhe!«
Wer sagt so etwas immer wieder? Es sind die Ärzte, die in mein Kinderzimmer vordringen.
So eine Teufelei.

Irgendwann liege ich lange Wochen in einem Spital.
»Da wird es wohl dieses Jahr nichts mit der Siegerurkunde in den Leibesübungen«, sagt meine beste Freundin.
»Na und? Sport ist für die Dummen!«
Da glaube ich noch, dass Arroganz dem verletzten Stolz aufhelfen kann.

Ich lese, wann und wo ich kann.
Ich gehe nicht mehr zum Ballettunterricht.
So viel Kraft aber bleibt: Ich werde weiterhin auf die Pferde steigen.
»Es ist nicht einzusehen, dass man mit einer gelungenen Dressur von Hund und Ross keine Fünf in Mathematik ausgleichen kann«, sage ich ins Leere.

Schule ist öde. Während des Unterrichts träume ich mich weg. Das aber ist über weite Zeiten gar nicht nötig. Denn ich bin ja dort vor Ort, in der Lehranstalt, nicht so oft.
»Dreimal Scharlach, das muss man erst mal schaffen.« Das sagt mein besorgter Onkel.

»Frier nicht!«, ruft meine Mutter mir hinterher. Seitdem liebe ich Gefühlsbefehle.
»Silvia krank, Arzt gerufen.« Das schreibt sie nahezu monatlich in ihren Kalender. Ich lese das erst nach ihrem Tod. Jahrzehnte später.

Wenn ich, oh wie oft, mit irgendeiner Kinderkrankheit im Bett liege, werde ich zuverlässig und hinreichend mit Lesestoff versorgt.
Glück im Pech. Teuflisch gut.

»Du hast wieder nicht geübt«, das sagt milde meine geliebte Klavierlehrerin im Hoch'schen Konservatorium zu Frankfurt am Main. Stimmt, ist aber nicht die ganze Wahrheit. Die Finger wollen mit den Jahren nicht mehr so geläufig sein. Weiß der Teufel warum.
»Eine große Pianistin werde ich eh nicht.« Sage ich trotzgeschwellt.
Aber ein Scheitern ist es doch.

»Frauen sind für geistige und künstlerische Hochleistungen nicht geschaffen.« Wer sagt das? Die Biologielehrerin. Ich glaube ihr kein Wort.
Ist auch egal. Ich will zum Zirkus. Will Tiger oder Pferde dressieren.

Wegen einiger Lappalien (mein Streik bei der gymnasialen Aufnahmeprüfung, das Jagdmesser mit Blutrinne, das ich auf mein Pult lege, damit die verhasste Lehrerin weiß, wie es um uns steht) wird meinen Eltern nahegelegt, mich auf die Hilfsschule zu schicken. Mein Vater schimpft, aber nicht sehr. Er verkündet: »Das Kind ist nicht dumm, nur faul.«

»Dann ist ja alles in Ordnung«, sage ich.

Er aber ist unerbittlich. »Es führt kein Weg vorbei am Abitur!«

Ich finde mich wieder auf einem privaten Gymnasium. Nach einigen erschwindelten Versetzungen wird mir eine Deutschlehrerin geschenkt, die mir gefällt. Ich gebe den aktiven Widerstand auf, wenigstens in manchen Fächern. Das viele Lesen macht sich bezahlt. Wer hätte das gedacht?

»Ein Buch muss die Axt sein für das gefrorene Meer in uns«, sage ich zu der Lehrerin.

»Ist ja schon gut«, sagt sie.

Nur in Mathematik ist nichts zu machen. Anschluss verpasst. Zahlenphobie.

»Träumt die kranke Lerche auch, sie schwebe, …«

»Versinke stampfend, stampfend steigst du wieder.«

Wer hat das gesagt? Der Schauspieler Gustaf Gründgens. Ich sitze mit meinem Onkel im Deutschen Schauspielhaus Hamburg. Faust. Der Tragödie zweiter Teil. Ich bin ungefähr dreizehn Jahre alt und verstehe wenig von dem, was in diesem Stück gesagt und getan wird. Aber ich bin fasziniert. Hochgradig. Ich finde, dass mein Onkel zu laut atmet.

»Ich gehe zum Theater. Sofort«, verkünde ich.

»Nach dem Abitur!« Mein Vater wiederholt sich.

Mein lieber Onkel ist plötzlich gestorben. Ich bin traurig. Ich versuche, den Tod zu verstehen, und scheitere.

»Träumt die stumme Nachtigall, sie singe, …«
»Dialektik bei Kierkegaard …« Wer könnte davon gesprochen haben? Ich sitze unversehens in der Vorlesung von Theodor Wiesengrund Adorno. Der Zufall hat mich dorthin gespült. Obwohl noch Schülerin, habe ich bei einem renommierten Studententheater Aufnahme gefunden.
»Es zogen zwei Sänger zum säuselnden See«, das ist die erste Zeile eines endlosen sprechtechnischen Übungsgedichts.
Zweimal in der Woche lassen die studentischen Mimen ihre Textbücher fallen und streben aus dem Raum. Ich folge ihnen in einen überfüllten großen Hörsaal. Eine erregte Atmosphäre. Die Erregung gilt dem rundlichen Mann, der auf und ab geht und dabei druckreife Sätze von sich gibt zu offensichtlich schwierigen Sachverhalten. Ich verstehe kaum etwas, bin aber fasziniert. Hochgradig.

»Wer so sprechen und denken kann, weiß, was die Welt im Innersten zusammenhält«, schreibe ich auf.
Ich beschließe, weiterhin zu den Vorlesungen des berühmten Mannes zu gehen.
»Das Ganze ist das Unwahre.« Mit diesem oder anderen Sentenzen aus gleicher Quelle fangen jetzt meine Aufsätze an. Ich gehe meiner Deutschlehrerin auf die Nerven.

»Träumt das blinde Huhn, es zähl' die Kerne, …«
Etwas später studiere ich bei dem Künstlerphilosophen.

Kaum habe ich brav damit begonnen, stolpere ich mitten in die Studentenbewegung.
Aufbruch, Befreiung, frischer Wind, Widerstand gegen erschlichene und angemaßte Autorität. Ganz mein Geschmack. Aber es häufen sich auch merkwürdige Marschbefehle. Mit der Bekämpfung »des Muffs von tausend Jahren« bin ich einverstanden, nicht aber mit der Losung »Trau keinem über dreißig!«. Mein derzeitiger Freund ist siebzehn Jahre älter als ich.

Ich studiere gerne, wenn auch zuweilen wild in der Auswahl des geistversprechenden Angebots.
In den Revoltekreisen mögen mich manche, andere aber nicht. Weil ich in die Oper gehe, Samtvorhänge habe und mich den Dress- und Sprachcodes verweigere, bin ich verdächtig. »Du bist zwar irgendwie dabei, gehörst aber nicht richtig dazu«, das sagt einer aus der Gruppe derer, die mich nicht mögen. Für die bin ich die bourgeoise Bovenschen. Schon recht.
Die Bewegung hat viele Farben, man kann sich an die Klugen halten.

»Träumt das starre Erz, gar linde tau' es …«
Der frische Wind hat sich gelegt. Jetzt will ich auch nicht mehr »irgendwie« dazugehören. Eingeklemmt zwischen aktionistischen Fanatikern, die deutlich Ungutes planen, und muffigen Kaderdogmatikern werde ich randständig. »Gleichwohl, ich werde nicht verraten, was ich an der Revolte eingangs gut fand«, versichere ich mir im Notat.

»Träumt die taube Nüchternheit, sie lausche, …«
In der Studentenbewegung haben fast nur Männer das Sagen. Als hätte meine einstige Biologielehrerin Einfluss genommen. Ich gründe mit einigen anderen Frauen eine feministische Opposition. Das liegt wohl in der Luft. Bald entsteht eine Frauenbewegung im ganzen Land. Auch in deren Reihen mögen mich einige, andere nicht. Ich habe keine Lust auf die Gebote freiwilliger Verhässlichung. Dennoch: Ich werde den Ungeist der Biologielehrerin weiterhin bekämpfen.

Ich gewöhne mich daran, zwar dazuzugehören, aber doch auch nicht. Ich trainiere die Artistik des Zugleichs von Drinnen und Draußen.
Ich formuliere frei heraus einen Argwohn: dass nämlich jede Bewegung ihre eigene Parodie generiert.

»Kömmt dann Wahrheit mutternackt gelaufen, …«
Ich werde schwächer, ich kann es mir länger nicht verbergen.
Das ärztliche Urteil. Jetzt hat mein Pech, die ganze Teufelei, einen Namen. Meist auf zwei Buchstaben verkürzt. Unheilbar. Aha.
Ich bitte die Ärzte, meinen Eltern den Krankheitsnamen zu verschweigen.
Ich exzerpiere: »Ein namenloses Heimweh weinte lautlos.«

Später, Jahrzehnte später, lange nach dem Tod meiner Eltern erfahre ich durch einen Zufall, dass mein Großvater mütterlicherseits früh dieser Krankheit erlegen ist. Sie müssen erkannt haben, was mich da quält. Barmherziges Verschweigen eines bösen Namens beiderseits. Liebenswert. Auch sinnlos?

»Sie müssen Stress und körperliche Anstrengungen strikt meiden«, sagt der Professor der Neurologie. Damit fallen alle meine Berufsträume in sich zusammen.
Aber klüger werden kann ja nie etwas schaden. Ich studiere weiter bei dem berühmten Mann.

Der stirbt schon bald darauf. Ein Schwur: Ich werde ihn ehren und, ohne mich wie so manche zum Gralshüter seiner Theorie aufzublasen, nie verraten, was ich ihm verdanke.

An einem grauen Tag in einem kahlen Raum. Jemand hält ein mit vielen soziologischen Vokabeln und vulgärmarxistischen Wendungen gespicktes Referat. Vor der Frau neben mir liegt der Band einer alten Eichendorff-Ausgabe. Er glänzt fremd in den kahlen Raum. Die Frau entschuldigt sich: »Ich muss das lesen, weil ich das studiere.«
Ich beschließe, »das« auch zu studieren.

Die Kürzelkrankheit fordert ihr Recht. Ich verschwinde drei Monate im Krankenhaus. Im nächsten Jahr sind es dann gleich vier Monate.
Lektürezeit.

Ich nehme Anlauf im wissenschaftlichen Schreiben und bringe dieses und jenes zu Papier. Erstaunlich, es wird gedruckt. Ich werde gelobt.
Auch der bewunderte Lektor eines großen Verlags lobt mich.

Noch ganz im Glanz des unerwarteten Lobs bricht eine harte Zeit an.
Mein Vater erleidet einen Schlaganfall.
Er ist eineinhalb Jahre bei klarem Verstand fast völlig gelähmt. Klaglos.

Mein Vater ist gestorben. Meine Mutter ist nur Schmerz.
Ich verstehe, dass man den Tod nicht verstehen kann.
Meine Jugend stirbt auch.

»Führt der hellen Töne Glanzgefunkel …«
»Jetzt aber mal«, diese kindliche Anforderung richte ich an mich selbst. Ich will mich um einen Beruf kümmern. Ich werde fleißig. Ich absolviere in einer wie nur eben machbar kurzen Zeit zwei Staatsexamina, ein Referendariat an einem Gymnasium und eine Promotion. Donnerwetter.

Aufsätze werden in Amerika veröffentlicht. Meine Doktorarbeit, die der Lektor auch sogleich in Druck gibt, ist ein Erfolg.
Zustimmende Rezensionen in den wichtigen Zeitungen.
Einladungen zu Vorträgen. Das ganze Erfolgsprogramm.
Wie das so ist, wenn es ist.
»Da geht was los bei dir«, sagt eine Freundin.

»You are well known«, sagt eine amerikanische Akademikerin. Warum nur finde ich das komisch?

Dann also die Wissenschaft. Studenten quälen kann man auch im Sitzen.
Vollbremsung. »Mit einer chronischen Krankheit werden Sie in diesem Land nicht verbeamtet, eine akademische Karriere können Sie vergessen.«
Wer sagt das? Keine Ahnung. Aber er hat teuflisch recht.
»Dann folgst du eben den Lockrufen ins Ausland«, sagt ein Freund.
Das kann ich meiner betagten Mutter nicht antun.

»Und der grellen Lichter Tanz durchs Dunkel, …«
Ein Schwur: Ich werde nicht verbittern.
Ich habe jetzt ein Auskommen als »wissenschaftliche Bedienstete«.
Ich unterrichte gerne.

Ein Trost. »Da bleibt mir einiges auch erspart«, sage ich zu meiner Freundin. »Keine Kongresse, keine Symposien, kein Kalkül bei der Themenwahl der Publikationen, keine (nicht einmal eine unbewusste) Sortierung der Menschen nach Maßgabe ihrer Nützlichkeit fürs Fortkommen.« Ich gehöre zum akademischen Rudel, aber nur irgendwie.
Mein Sport: die Beobachtung. Ich werde ein Snob der zweiten Reihe.

Ich erfülle meine Dienstpflichten gewissenhaft.
Ich schreibe Essays.

In der Lehre macht man mir keine Vorschriften.
Ich kann tun, was ich tun muss, und auch einiges darüber hinaus.

Aber bald … »Sie haben erstaunlich viele Knoten in ihrem Hals«, sagt der Arzt. Operation mit, ja klar, Komplikation.
»Gutartig«, der Arzt strahlt.
Glück im Pech.
Ich schreibe einen Essay.

Und wieder … »Höllische Schmerzen!« Nicht auszuhalten.
»Steine, die dort nicht hingehören, haben sich in Ihrer Niere angesiedelt«, sagt der Arzt. In einem Klinikkellerraum, der wie das Weltraumlabor eines Science-Fiction-Films wirkt, werden sie zertrümmert. Ein Höllenlärm. Das ist nicht arg. Ich kann es sogar interessant finden. Ich gebe ein Buch heraus.

Ich nehme teil an einer medizinischen Studie zu meiner Kürzelkrankheit in der Universitätsklinik. Eine Flüssigkeit wird infundiert. Mir wird sonderbar. Die Sonderbarkeit steigert sich immer schneller ins Unerträgliche. Jetzt befindet sich mein Körper in grellem Aufruhr. Ein Kurzschluss aufs Ganze. Vor meinen Augen ein verrückter Tanz. Das ist das Ende, denkt es in mir. Nein, das ist kein Denken mehr. Ein inneres Signal nur noch. Ich kippe weg.
»Das war knapp«, sagt der Professor. Er ist blass. »Ein anaphylaktischer Schock.«

Ich exzerpiere: »Leben überhaupt heißt in Gefahr zu sein.«
Ich schreibe einen Essay.
Ich unterrichte gerne.
Ich schreibe ein Vorwort

»Horch! die Fackel lacht …«
Ich besuche meine Freundin in Berlin. Anruf von einem Arzt.
»Kommen Sie sofort zurück. Ihre Mutter ist sehr krank.«
Das Blut. Bösartig.
Ich nehme das nächste Flugzeug. Ich rauche wieder.
Ich hole sie zu mir. Manchmal muss sie in die Klinik. Manchmal haben wir noch eine kurze gute Zeit der Nähe in diesem langen unvergleichlichen Jahr ihrer Qual. Einmal, zum grausamen Ende hin, kann ich sie nicht mehr heimholen.
Januar. Als sie aufhört zu atmen, lache ich, weil ich froh bin, dass ihre Qual ein Ende hat. Dann schlägt mich der Verlust nieder.

»Nicht in einem geheimen Bund mit dem Schmerz sich einlassen!«, rät ein großer Dichter.
Ich will es versuchen.

Ich habe jetzt wieder Freude daran, Essays zu schreiben über Themen, die langweilige Akademiker nicht comme il faut finden.
Ich lese. »Solang Begeisterung wechselt und Verzagen.«
Ich unterrichte gerne.

Ich schreibe eine Laudatio.
Ich lebe gerne.

»Weh, ohn Opfer gehn die süßen Wunder, …«
Wieder ein Knoten, wo er nicht hingehört.
Bösartig!
Untersuchungen. Operationen. All das hier Notgebotene.
Teufelei ist ein zu geringes Wort.

Erstaunlich. Ich werde weiterhin sein.
Ich erfülle meine Dienstpflichten.
Ich schreibe einen Essay. Manchmal schreibe ich auch für den Rundfunk. Erliege den Lockungen von schönen Kleidern und guten Düften. Manchmal finde ich das Leben anstrengend.

Ich schreibe ein Buch zum Begriff der Idiosynkrasie. Über jene kleinen, verräterischen Regungen und Impulse, die, wie ich meine, unsere jeweilige Einzigkeit ausmachen. Erstaunlich. Das Buch wird sehr gut aufgenommen. Es trägt mir sogar einen ehrenvollen Preis ein.

Ich gehöre einer Jury an. Ein begehrter Literaturpreis. Ich stöhne. »Tagelang im Fernsehen, das ist doch auch Hölle.« »Warum tust du dir dergleichen noch an?«, fragt ein Freund. »Weil ich wissen will, was ich gekonnt hätte, wenn ich es dauerhaft gekonnt hätte, unabhängig davon, ob dies zu können ich dann gewollt hätte.«
Ich mache das dreimal, dann weiß ich, dass ich es kann.

Ich werde schwächer.
Ich unterrichte nicht mehr.
Ich beantrage eine Erwerbsunfähigkeitsrente.

Ich verlasse die Universität. Die zunehmende Verschulung der Lehre, die Gängelung der Lernenden machen den Abgang leicht.
»Der Stress steigt, das Niveau sinkt.« Wer hat das gesagt, ich weiß es nicht mehr. Er hat recht. Das ist nicht mehr die Akademie, wie ich sie lieben kann. »Der Geist braucht Raum. Es muss produktive Irrtümer, Umwege und selbstverordnete Korrekturen geben können«, sage ich ins Leere.

»Wie willst du ihn füllen, den ganzen Rentnertag?«, fragt eine Freundin.
Kein Problem. Ich muss nicht arbeiten. Ich werde das tun, was ich ein Leben lang auch schon tat: Lesen, Musik hören. Wenn ich es noch schaffe, gehe ich in die Oper, ins Theater, ins Konzert, ins Kino, in Ausstellungen. Und ich treffe meine Freunde.

Ich werde aufgefordert, ein Buch über das Alter zu schreiben. Ich mache mich an die Arbeit und scheitere in doppelter Weise. Zu schwach, keine Idee. Zu den ganz Schwachen kommen keine starken Ideen mehr. Ausrede nur?
Zudem: »Was soll schon sein, man wird stetig älter, und dann stirbt man. Daran ist vorerst nicht zu rütteln.«

»Im Alter ziehen wir in eine gemeinsame Wohnung.« Das ist eine alte Verabredung zwischen mir und meiner Freundin in Berlin. Aber wann ist Alter? »Jetzt«, sagt sie. »Jetzt fängt noch einmal etwas ganz Neues an.« Der Satz macht Mut.
Ich wollte sie eigentlich nur besuchen, werde aber, kaum angekommen, noch schwächer und bleibe es lange, zu krank auch für die Rückreise, zu krank für eigentlich alles.
Sie nimmt mich auf. Ich bleibe in Berlin.
Meine Habseligkeiten werden umgezogen von lieben Freunden.

Meine Bücher sind noch in Frankfurt. An Arbeiten ist nicht zu denken. Um mich ein wenig abzulenken vom Kranksein, beginne ich, mir Notizen zu machen, anknüpfend an mein letztes Scheitern – allein auf die Freigaben meines armseligen Erinnerungsvermögens verwiesen –, wann und wo mir im Laufe meines Lebens bewusst wurde, dass ich täglich älter werde.
Nur für mich. Ein lieber Freund will, dass es ein Buch wird.

»Gehn die armen Herzen einsam unter!«
Erstaunlich. Das Buch ist ein Erfolg. Ein großes wärmendes Mögen.
Ich freue mich. Hätte ich eine Neigung zur Hybris, sie wäre schnell kuriert.
Während der Beifall im Hintergrund noch zu hören ist, befinde ich mich in einem onkologischen Therapieraum und hänge an einer Infusion.

Die bösartige Wiederkehr des Bösartigen.
Ich habe dafür kein Wort. Die Worte aus der Kindheit taugen nicht mehr.

Panik. Zum ersten Mal Panik. Um ihr zu begegnen, schreibe ich Erzählungen, die das Verschwinden umkreisen. Ich senke sie in einen Rahmen. Wieder geht, nach Drucklegung, keine Schmähung auf mich nieder. Erstaunlich. Der Frontenwechsel wird mir nicht verübelt.

Die erneute Erfahrung, wie sprungbereit die Vernichtung lauert, führt mich zu einem Entschluss: Ich werde allein meinen Neigungen und Überzeugungen noch folgen. Im Moment verspüre ich eine Unlust, weitere Körperkatastrophen, die zahlreich waren und nicht lange auf sich warten ließen, aufzulisten.

»Ich bin jetzt schon zehn Jahre in Berlin. In dieser Zeit habe ich fünf belletristische Bücher geschrieben. Das rührt mich in Erinnerung an mein frühes poetisches Scheitern. Das hätte ich nicht von mir gedacht. Es mag eitel klingen, aber ich finde das erstaunlich.«

»Was schreibst du da?«, fragt meine Freundin. »Eine Akademie hat mich aufgenommen und erbittet eine Selbstdarstellung.«
»Ist das machbar?«
»Eigentlich nicht.«
»Darf ich es lesen?«

»Das bist du doch gar nicht«, sagt sie.

»Stimmt«, sage ich, »das bin ich nicht, es ist nur die Wahrheit.«

(2013)

Quellenverzeichnis

Texte von Silvia Bovenschen zum Werk von Sarah Schumann

Porträts (1997), in: Katalog zur Ausstellung »Portraits«, Die Kommunale Galerie im Leinwandhaus, Frankfurt am Main 1999. Auch in: Sarah Schumann, Werke, 1958–2002. Hrsg. von Kathrin Mosler. Berlin: Nicolai Verlag 2003.

Weltenwechsel, in: Sarah Schumann, Expedition Heiligengrabe. Hunde und Wölfe. Hamburg: Galerie Levy, 2006. Auch in: Silvia Bovenschen, Schlimmer Machen, Schlimmer Lachen. Aufsätze und Streitschriften. Hrsg. und eingeleitet von Alexander García Düttmann. Verlag der Autoren, Frankfurt am Main 1998, Fischer Taschenbuch Verlag, Frankfurt am Main 2009.

Verkündete Landschaften (2007), in: Silvia Bovenschen, Schlimmer Machen, Schlimmer Lachen.

Blickreisen (1991), in: Sarah Schumann, »Journeys«, Berlin 1991. Auch in: Sarah Schumann, Werke, 1958–2002.

Über die Tier-Bilder Sarah Schumanns (1998), in: Sarah Schumann, Werke, 1958–2002.

Abbildungen der Werke Sarah Schumanns

sich von unten von oben sehen. 1960. Fotocollage. 34,6 x 50,8 cm. © VG Bild-Kunst, Bonn 2015.

Portrait Silvia Bovenschen. 1998. Pigmentmalerei auf Leinwand. 171 x 128 cm. © VG Bild-Kunst, Bonn 2015.

»ich weiß, ich ende irgendwo da oben in der Wolkenschicht« (Yeats). 1998. Gouache. 54 x 63 cm. © VG Bild-Kunst, Bonn 2015.

Der Vilm + die Welle. 2010. Pigmentmalerei auf Leinwand. 100 x 100 cm. © VG Bild-Kunst, Bonn 2015.

o. titel. 1984. 60 x 80 cm. © VG Bild-Kunst, Bonn 2015.

»geklammert an den Wiegenrand träumt er sich als der Mutter Stolz« (Yeats). 1998. Gouache. 58,7 x 66,5 cm © VG Bild-Kunst, Bonn 2015.

Fotografien

Silvia Bovenschen + Sarah Schumann. 1979 © bpk/Abisag Tüllmann

Sarah Schumann. 1982 © Iris Wagner

Silvia Bovenschen. 1977 © Sarah Schumann

Sarah Schumann + Silvia Bovenschen. 2015 © Pola Sieverding, © VG Bild-Kunst, Bonn 2015.

Sarah Schumann + Silvia Bovenschen. 2015